JN296065

大満足のバーベキュー料理80

太田潤

焼き方にコツがある！
だから、うまい!!

Perfect Cooking Over a Barbecue

Contents & Menu

大満足のバーベキュー料理80

Recipe: **Basic Menu**

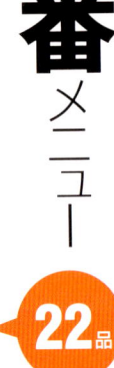

定番メニュー **22**品

いつものメニューも、炭火で焼くとホラッ！こんなにおいしくなりました。

Basic

- 028 鮭のタルタルホイル包み
- 030 炭焼き秋刀魚
- 032 焼き芋
- 034 ソーセージのマスタード焼き
- 035 新鮮な刺身を焼く
- 018 ハンバーグステーキ
- 020 ポークしょうが焼き 
- 022 照り焼きチキン 
- 024 鮭のチャンチャン焼き 
- 026 タラのホイル焼き 
- 012 ガーリックステーキ
- 013 オニオンソースステーキ
- 013 赤身のチーズステーキ
- 014 骨付きカルビ
- 016 スペアリブ
- 010 ビーフステーキ

Recipe: Arrange Menu

アレンジメニュー 22品

定番料理にひと手間加えると、新鮮で豊かな料理に大変身です。

- **050** 網焼き鶏のバルサミコしょう油
- **052** ポークとビーフの卵とじ
- **054** 炭焼きチャーシュー
- **056** ハンバーガー
- **058** 手作りソーセージ
- **060** 炭焼きホットドッグ

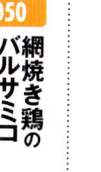

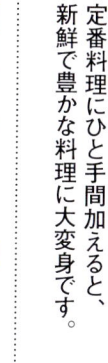

Recipe: Basic Menu

- **036** サバ味噌のつけ焼き
- **039** サザエの旨味焼き
- **037** エビの塩殻焼き
- **040** イカの照り焼き
- **038** ホタテのバター焼き
- **041** 焼き野菜の盛り合わせ

Recipe: Lamb Menu

ラム肉メニュー 3品

栄養豊かで、低カロリーのラム肉は、静かなブームになっています。

- **044** ラムチョップの香り包み
- **046** 爽やかラムロースト
- **048** 手作りダレのジンギスカン

Recipe : Arrange Menu

- 062 マリネチキンのバーベキュー
- 064 骨付きチキンのチリ焼き 
- 066 トリサラダのピリ辛ソース掛け 
- 068 カツオの土佐づくり 
- 070 マグロのつけ焼き 
- 072 ブリの照り焼き 
- 074 イワシのオリーブオイル焼き 
- 076 イサキとメバルのオリーブオイル焼き 
- 078 塩焼きエビの洋風ネギ油仕立て 
- 080 イカの鉄砲焼き 
- 082 カキのチーズ焼き 
- 084 カキのパセリバター焼き 
- 086 ホタテのネギ味噌焼き 
- 088 マリネでうまい串焼きです！ 
- 090 焼きイモ餅のみぞれ和え 
- 092 焼きウニ 

Arrange

バーベキューQ&A

- 01：そもそもバーベキューの由来とは？ …… 042
- 02：どうして炭火で焼くとおいしいの？ …… 140

- 本書の使い方 …………… 008
- 持ち物チェックリスト …………… 158

Recipe : Noodle & Rice Menu

麺&ごはんメニュー 6品

バーベキューでも仕上げはやはり炭水化物ですよ！箸休めにもゼヒ。

- 108 イカ焼きそば 塩味
- 110 ウニうどんのカルボナーラ
- 112 鉄板パエリア
- 114 焼きおにぎりのイタリあんかけ
- 116 餅ピザ
- 118 小さなパリパリピザ

Recipe : Party Menu

パーティーメニュー 7品

仲間がそろえば準備完了！ワイワイやるのに最適な料理を提案します。

- 094 シュハスコ
- 096 タンドリーチキンだっ手羽 
- 098 サテはアジアの焼き鳥です 
- 100 ピリリと辛い焼き鳥 
- 102 ナヌと豆カレー 
- 104 カキ入りチヂミもどき
- 106 和風タコスはお好みスタイル

Recipe : **Simple Menu**

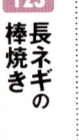

簡単メニュー

簡単な調理こそ素材の味を引き出します。期待を裏切るうまさですよ。

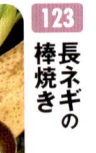

10品

- 122 直火の焦がし焼きナス
- 123 長ネギの棒焼き 
- 123 長芋の棒焼き 
- 124 ポテトでマリネ 
- 126 ピリ辛トマトそうめん 
- 128 ベジタブルヤッコ 
- 120 丸タマネギのアホ焼き
- 121 シイタケの裏焼き
- 121 ピーマンのパー焼き
- 122 丸トマトのバジル焼き

デザート&ドリンクメニュー

余った材料でも作れる簡単デザートやビールカクテルを紹介します。

10品

- 130 アップルソースのポテトパンケーキ
- 132 そば粉のパンケーキ 
- 134 少しスイート熱々ポテト 
- 136 焼きチョコマシュマロ 
- 137 チャイにしてくだちゃい 
- 137 サングリア 

Simple

Know-How

バーベキューの基本&コツ

今さら人に聞けない基本やコツもたまには確認が必要ですね。

- 142 道具をそろえよう
- 146 炭火をおこそう
- 152 食材を知ろう
- 154 タレ&ソースを作ろう
- 156 あとかたづけをしよう

Recipe: Dessert&Drink Menu

- 138 テ・コーク
- 138 シャンディー・ガフ
- 139 オレンジサンセット
- 139 レッドアイ

素材別 contents

【肉 Meat】
- 010 ビーフステーキ
- 012 ガーリックステーキ
- 013 オニオンソースステーキ
- 013 赤身のチーズステーキ
- 014 骨付きカルビ
- 016 スペアリブ
- 018 ハンバーグステーキ
- 020 ポークしょうが焼き
- 022 照り焼きチキン
- 034 ソーセージのマスタード焼き
- 044 ラムチョップの香り包み
- 046 爽やかラムロースト
- 048 手作りダレのジンギスカン
- 050 網焼き鶏のバルサミコしょう油
- 052 ポークとビーフの卵とじ
- 054 炭焼きチャーシュー
- 056 ハンバーガー
- 058 手作りソーセージ
- 060 炭焼きホットドッグ
- 062 マリネチキンのバーベキュー
- 064 骨付きチキンのチリ焼き
- 066 トリサラダのピリ辛ソース掛け
- 094 シュハスコ
- 096 タンドリーチキンだっ手羽
- 098 サテはアジアの焼き鳥です
- 100 ピリリと辛い焼き鳥

【魚介 Sea food】
- 024 鮭のチャンチャン焼き
- 026 タラのホイル焼き
- 028 鮭のタルタルホイル包み
- 030 炭焼き秋刀魚
- 035 新鮮な刺身を焼く
- 036 サバ味噌のつけ焼き
- 037 エビの塩殻焼き
- 038 ホタテのバター焼き
- 039 サザエの旨味焼き
- 040 イカの照り焼き
- 068 カツオの土佐づくり
- 070 マグロのつけ焼き
- 072 ブリの照り焼き
- 074 イワシのオリーブオイル焼き
- 076 イサキとメバルのオリーブオイル焼き
- 078 塩焼きエビの洋風ネギ油仕立て
- 080 イカの鉄砲焼き
- 082 カキのチーズ焼き
- 084 カキのパセリバター焼き
- 086 ホタテのネギ味噌焼き
- 092 焼きウニ
- 104 カキ入りチヂミもどき
- 108 イカ焼きそば塩味
- 110 ウニうどんのカルボナーラ

【野菜 Vegetable】
- 032 焼き芋
- 041 焼き野菜の盛り合わせ
- 088 マリネでうまい串焼きです！
- 090 焼きイモ餅のみぞれ和え
- 120 丸タマネギのアホ焼き
- 121 シイタケの裏焼き
- 121 ピーマンのバー焼き
- 122 丸トマトのバジル焼き
- 122 直火の焦がし焼きナス
- 123 長ネギの棒焼き
- 123 長芋の棒焼き
- 124 ポテトでマリネ

本書の使い方

ここでは、本書を効率よく使ってもらうために必要な、基本的項目を紹介します。ポイントを押さえておけばあとは簡単ですね。

⑤ 焼き方のコツ
上手に焼くための注意点を書いています。火力の表記がナイ場合は中火を基準に考えてください

⑥ 作り方
おいしく調理するための方法が書いてあります。味付けに好みと書いてある場合は必ず味見して、自分の味にしてください

⑦ 手順&コツ
料理手順の写真を解説しています。主な注意点と同じですから、確認しながら調理してください

③ 調理時間
調理のトータル時間を示しています。切り分けなどに時間がかかると時間内に収まらない場合もあります

④ 材料
大さじと小さじは計量スプーンすり切りで計っています。大さじは15cc、小さじは2.5ccです。また1カップは200ccが基準です。ワインなどに1本とあるものは720mlと考えてください。また基本的に使う順番に材料は並んでいます

① アイコン
主な熱源をわかりやすく、アイコンで表記しました。2種類ある場合は両方、または一方を使うという意味です

② 焼き時間
焼き時間は材料の切り方や大きさ、火力によって変化します。あくまで目安として考えてください

味付けの基本

味付けの基本はサ・シ・ス・セ・ソ。さ=砂糖。し=塩。す=酢。せ=しょう油。そ=味噌のことです。これが味付けの順番です。言い換えると甘みは先に、香りも大事なしょう油や味噌は最後に使うのが基本です。

計量のコツ

計量には必ずしも計量スプーンやカップを使う必要はありません。自分の手のひらで計量したり、勘も大事な部分です。一度計量器を使い、身体で覚えてしまうと調理も簡単になります。

定番

定番＝いつものメニュー。居酒屋さんや定食屋さんでもおなじみの料理を炭火で調理してみましょう。少しの工夫と努力で驚きのおいしさになりますよ。さあ！ 迷っていないで炭火をおこしてください。

Basic Menu Recipe

Basic Menu 01

焼き時間 3〜7分 / 網

ビーフステーキ

ここでは少し厚めのサーロインステーキを網焼きで調理する方法を紹介します。網を使わずに鉄板やフライパンでもおいしくできますが、旨味脂はスグに火が通ることをお忘れなく! 焼きすぎにはくれぐれも注意してください。

010

材料（1人前）

- 牛ステーキ肉 ……… 150g
- 塩 ……… 適宜
- コショウ ……… 適宜

作り方

1 まずは炭火を充分におこし、焼き網を熱しておきます。できることならグリルの中に強火と弱火のところを作っておくと調理が楽にできます。

2 焼き網にハケでお酢を塗り、焦げ付きにくくします。ボワッとお酢の水蒸気が上がったら、常温（指で触って冷たく感じない程度）に戻した牛肉を強火にのせます。

3 焼きながら塩コショウをします。片面に素早く焼き色を付けたら裏返し、弱火のところに置いて、好みの焼き加減まで火を通します。

4 最初に焼いた面にも塩コショウをしたらできあがり!

調理時間 10分

手順＆コツ

1 焦げ付き防止策

ほかにもさまざまな方法があるようですが、私はお酢を焼き網に塗る方法を採用しています。バーベキューグリルとお酢、ハケはセットでね!

焼き方のコツ

焼き始める前に肉を常温に戻しましょう！事前にクーラーボックスなどから取り出しておくとおいしく焼けます。

2 焼きながら塩コショウ

牛肉は事前に塩コショウすると硬く締まってしまいます。焼きながら塩コショウするのが一番です。少し高いところから振り、均等を心がけましょう

3 強火から弱火へ

まずは片面を強火で焼き、うまみのもとになる肉汁の流失を防ぎます。片面に焼き色が付いたら裏返して、次は弱火でジックリ焼きましょう

4 仕上げの塩加減

撮影の都合上、低いところから塩を振っていますが、高いところから均等に塩コショウをしましょう。無駄は出ますがおいしくなります！

Basic Menu 02

ガーリックステーキ

ここではフライパンや鉄板で焼く方法を紹介しますが、ニンニクスライスだけフライパンで作り、肉を網焼きすれば最高級の仕上がりです！

材料（1人前）

- オリーブオイル ………… 大さじ3
- ニンニク ………… 3片
- 牛ステーキ肉 …… 150g
- 塩 ………… 適宜
- コショウ ………… 適宜
- マスタード ………… 適宜
- レモン汁 ………… 適宜

作り方

1. 冷たいフライパンか鉄板に、オリーブオイルを敷いてニンニクスライスをのせ、弱火でニンニクがきつね色になるまで火を通します。

2. ニンニクを取り出したら、鉄板などの温度を上げて、もう一度オリーブオイルを敷きます。肉の片面に焼き色を付け、裏返して弱火を落とします（いったん鉄板などに濡れ布巾などを当て、温度を下げよう）。好みの焼き加減まで火を通し、焼き上がった肉にマスタードとレモンを振り、ニンニクと一緒に食べましょう。

手順＆コツ

1. **低温から！**
ニンニクは必ず低温からジックリ温度を上げてください。ニンニクの香りが断然引き立ちます

2. **ソースのコツ**
基本はマスタードとレモンですが、マスタードに隠し味としてしょう油をひと垂れ加えるのもオススメです

鉄板
焼き時間 3〜7分
調理時間 15分

012

Basic Menu 03

オニオンソースステーキ

ニンニクとタマネギを赤ワインで煮込む、味わい深いソースが自慢のステーキです

焼き時間 3〜7分

材料（1人前）

- 牛ステーキ肉 … 150g
- 塩 …………… 適宜
- コショウ ……… 適宜
- A＜オニオンソースの材料＞
- タマネギ …… 2個
- ニンニク …… 1片
- バター ……… 16g
- 赤ワイン … 1カップ
- 砂糖 ………… 3g

調理時間 15分

作り方

1 タマネギとニンニクは薄切りにして、フライパンを使い、低温からバターで炒めます。さらに赤ワインを加えて中火で煮詰め、砂糖も加えてAのソースを仕上げます。

2 ステーキは鉄板焼きか、「ビーフステーキ」で紹介した方法（10〜11ページ参照）で焼き上げ、仕上げにソースをかけてできあがり。

手順＆コツ

1 オニオンソース
バターは焦げやすいし、ニンニクも香りを引き出すため、フライパンが低温のうちに炒め始めます

013

Basic Menu 04

赤身のチーズステーキ

ヘルシーな赤身牛肉 少しパサついた食感をチーズで補うと、ビックリ！ おいしくなりました

作り方

1 焼き網にお酢を塗り、焦げ付きにくくしたら、常温に戻した牛肉を強火にのせます。

2 焼きながら塩コショウをします。片面に焼き色を付けたら裏返し、弱火のところに置いて、好みの焼き加減まで火を通します。最初に焼いた面に塩コショウをしてからチーズをのせ、溶けてきたらできあがり！

手順＆コツ

1 チーズとしょう油
仕上げとして、チーズの上にしょう油を少し垂らしてください。不思議にとても相性がよいのです

材料（1人前）

焼き時間 3〜7分

- 牛ステーキ肉 … 150g
- 塩 …………… 適宜
- コショウ ……… 適宜
- とろけるチーズ
  ……………… 1枚
- しょう油 ……… 適宜

調理時間 10分

Basic Menu 05

焼き時間 5分 / 網

骨付きカルビ

焼き肉屋さんの帝王、みんなが大好きな骨付きカルビもバーベキューメニューです。漬け込むと焦げ付きやすいので、肉を焼いてからハケでタレを塗って仕上げます。リンゴの優しい甘さが際立つ骨付きカルビはとても好評ですよ!

014

焼き方のコツ

薄い骨付きカルビは両面を強火でサッと焼いてしまいます。タレは焦げるので、弱火で炙る程度が肝心です。

調理時間 20分

材料（4人前）

- 骨付きカルビ ………… 800g
- 塩 ………………… 小さじ1
- A ＜基本のしょうゆダレの材料＞
- リンゴ ………………… 1/4個
- タマネギ ……………… 1/2個
- しょう油 …………… 1/2カップ
- みりん ……………… 1/2カップ

作り方

1 まずはAのタレから作り始めます。分量のリンゴとタマネギをすりおろし、しょう油とみりんを加えたら、よく混ぜておきます（面倒なら市販の焼き肉のタレで代用可です）。

2 食べやすい大きさにカットした骨付きカルビを、充分熱した焼き網にのせます（網にはハケでお酢を塗り、焦げ付きにくくしておきましょう）。強火で両面を手早く焼いてしまいます。トングを使うと便利です。

3 両面焼いたら弱火に移し、ソースを塗って軽く炙ればできあがり!

015

手順＆コツ

1 タレを作ろう
タマネギとリンゴをすりおろしたら、しょう油とみりんを混ぜるだけ！ 簡単ですが、面倒なら市販のタレで代用可です

2 強火で手早く！
基本的に薄い骨付きカルビ肉は、スグに火が通るので、強火で焼きましょう。トングを使って手早く焼くのがコツですよ

3 タレを塗る
しょう油が入ったソースは、とても焦げやすいので、弱火に移してから塗りましょう。しょう油の香りが立ったら食べごろの合図です

▶ 焼き方のコツへ

Basic Menu 06

スペアリブ

なぜか豪華で豪快に感じるスペアリブ。自分で調理するのは難しいと思うでしょうが、実はとても簡単です。時間を守れば手間のかかる料理ではないから安心してくださいね。

調理時間 60分

網 / 焼き時間 3分

手順＆コツ

1 下ゆでから始める

スペアリブの下ゆでをするときに、セロリの葉やパセリの茎を一緒にゆでると豚の臭みが消えて、さらに食べやすくなります

焼き方のコツ

スペアリブを漬け込むタレはとても焦げ付きやすいので、焼くには注意が必要です。必ず超弱火で仕上げてください。

作り方

1 大きな鍋に湯を沸かし、スペアリブを入れてゆでます。アクを取りながら15分間ゆでましょう。

2 その間にAのタレの準備です。ニンニクとショウガはすりおろし、分量の砂糖、しょう油、日本酒、ケチャップ、塩を混ぜておくだけ！材料はたくさん使いますが、仕事は簡単なんです。

3 スペアリブの下ゆでが終わったら、スペアリブを取り出し、熱いうちにタレを絡めます。ここで30分ほど漬け込みましょう。スペアリブにタレが均等に絡むようにしてください。

4 時間がきたら網を充分に熱し、ハケで酢を塗りスペアリブを焼きます。焦げ付きやすいので超弱火でお願いします。

材料（4人前）

- 豚スペアリブ ………… 1kg

A ＜タレの材料＞
- ニンニク ……………… 2片
- ショウガ …… ニンニクと同量
- 砂糖 …………………… 30g
- しょう油 …………… 大さじ3
- 日本酒 ……………… 大さじ4
- ケチャップ ………… 大さじ4
- 塩 …………………… 小さじ2

> 焼き方のコツへ

4 超弱火の仕上げ

しょう油とケチャップがタレに入っていることもあり、とても焦げやすいので注意してください。弱火でさっと炙る程度にしましょうね

3 漬け込みです

スペアリブの下ゆでが終わったら、取り出して熱いうちにタレに絡めておきましょう。あと30分の我慢ですよ！ やけどに注意してくださいね

2 タレは材料を混ぜるだけ

ニンニクとショウガは、チューブ入りのおろしたモノを使えば本当に簡単です。また、おろしタマネギを加えると甘みが増します

Basic Menu 07

ハンバーグステーキ

家庭料理の定番かな？でも生い立ちは立派なアウトドア料理なんです。このレシピはお子様向きの味付けですが、大人のソースには黒コショウをたっぷり振り込んで、刺激を加えるようにアレンジしてください。ごはんに合いますよ。

材料（4人前）

- タマネギ ………… 1/2個
- セロリ …………… 1/2本
- ニンニク ………… 2片
- パセリ …………… 1枝
- 豚ひき肉（赤身）…… 500g
- パン粉 …………… 1カップ
  （または食パン1枚）
- 卵 ……………… 1個
- 塩 ……………… 小さじ1
- コショウ ………… 適宜
- ナツメグ ………… 適宜
- サラダ油 ………… 適宜
- A＜ソースの材料＞
- ケチャップ ……… 大さじ4
- ウスターソース …… 大さじ4

調理時間 40分

焼き時間 15分

鉄板

焼き方のコツ
厚くなりがちなハンバーグは、中まで火を通すのが難しい。弱火を保ちアルミホイルで作るカバーなどを活用しましょう。

作り方

1 タマネギ、セロリ、ニンニクはすりおろします。パセリはみじん切りにしてください（ハサミを活用して！）。

2 適当な器に、豚ひき肉と1の材料とパン粉、さらに卵、塩、コショウ、ナツメグを加え、粘りが出るまで混ぜ合わせます。

3 材料をなじませるため10分ほど置いたら、4等分にして丸い小判型に形成し、まな板に軽く叩きつけて中の空気を抜きましょう。もう一度形を整えたら、小判型の中央を少し凹ませておきます。

4 鉄板にサラダ油を敷いて熱したら、ハンバーグを置きます。片面を焼いたら裏返し、中まで火を通します。焼けたハンバーグを取り出し、Aのソースの材料を加えて少し煮つめれば完成です。ハンバーグにかけて食べてください。

手順＆コツ

1 材料を合わせる
タマネギ、セロリ、ニンニクはすりおろし、パセリはコッパみじん切りです。疲れるから誰かに頼んでしまいましょう！ アハハ〜

2 粘りが出るまで
すべての材料を混ぜ合わせます。粘りが出るまでヨ〜ク混ぜたら10分間置きます。手で混ぜるのが最高なんですが、手と相談してからにしてくださいね！

3 割れないために
まな板などに軽く叩きつけて、中の空気を抜きましょう。空気が入っていると割れてしまいます。また、形成後は中央を凹ませておくと均等に火が入ります

4 弱火でジックリ焼く
おき火を活用してジックリ焼きます。片面を焼いたら裏返し、アルミホイルなどでカバーを作ってフタをすると、効率よく焼き上げることができます

→ 焼き方のコツへ

018

019

Basic Menu 08

焼き時間 3分 / 鉄板

ポークしょうが焼き

定食屋さんや居酒屋メニューの定番、
しょうが焼きも立派なバーベキューメニューです。作り方はさまざまあり、
仕上げにショウガなどのタレを絡めるスタイルもありますが、
私は漬け込んでから焼く方法を採っています。

020

焼き方のコツ

とても薄い肉を使うので、強火でサッと焼き上げるのがオススメです。フライ返しなども活用しましょう。

作り方

1 Aのタレの材料のおろしショウガと日本酒、しょう油を、食べやすく切った肉に絡めて20分ほど置きます。このとき、冷蔵庫やクーラーボックスなどには入れないで、常温に戻すようにしてください。

2 強火で充分に熱した鉄板にオリーブオイル（サラダ油可）を敷き、熱くなったらタレごと肉を加えて焼き上げます。フライ返しやトングを活用して、手早く焼き上げましょう。

⬈ 焼き方のコツへ

2 強火でサッと！
薄い肉ですから、豚肉でもスグに火は通ります。思い切って強火で手早く焼き上げましょう。漬けダレごと鉄板に入れて焼いてください

手順＆コツ

1 タレに絡める
食べやすく切った肉にタレの材料を絡めるだけ！簡単ですが、タレは必ず混ぜてから絡めてください。味にムラができてしまいます

調理時間 25分

材料（4人前）

- 豚ロース肉（スライス）… 300g
- オリーブオイル ………… 適宜
- A ＜タレの材料＞
- おろしショウガ …… 1/2個分
- 日本酒 …………… 大さじ1
- しょう油 ………… 大さじ1

021

Basic Menu 09

焼き時間 5分 / 網

照り焼きチキン

世界中で愛されているTERIYAKIソース。日本人より外国の人たちの方がたくさん食べているかも？と思うほどです。そんな万人に愛されている照り焼きソースを使って、食べやすい手羽中を焼いてみました。塩味に飽きたらゼヒど〜ぞ！

焼き方のコツ
鶏皮は脂が多く、焼きながら鶏脂から炎が上がったりします。濡れ布巾などを用意して炎対策を怠りなく！

調理時間 15分

材料（4人前）

- 鶏手羽中 ……………… 800g
- 塩 ……………………… 適宜
- コショウ ……………… 適宜
- A <照り焼きソースの材料>
- しょう油 ……… 1/2カップ
- みりん ………… 1/2カップ
- 昆布茶の素 ……… 小さじ1

作り方

1 まずは手羽中に塩コショウをしましょう。甘めの照り焼きですから、塩コショウはしっかりしてください。もちろん、ここでも常温に戻しながら5分ほど待ちます。この間にAの照り焼きソースの材料を合わせておきましょう。

2 充分に熱した焼き網にお酢を塗り、焦げ付きにくくしたら皮面から焼き始めます。炎が上がったら濡れ布巾などで押さえてください（やけどに注意！）。

3 手羽中に火が通ったら照り焼きソースを塗ります。スグに焦げるので、塗り終わったら火から下ろして完成です。

手順＆コツ

1 塩コショウをする 
少し高い位置から塩コショウをすると均等に味が行き渡ります。日本酒を少し振っておくと、鶏肉の嫌いな人でも食べやすくなりますよ

2 皮面から弱火で！  
脂の多い鶏皮は炎が上がりやすく、ナカナカ焼きにくい食材です。弱火をキープして、皮面から焼くのが基本です

3 照り焼きソースを塗る 
手羽中に完全に火が通ったら、照り焼きソースを塗りましょう。塗ったら完成！くらいの気持ちとタイミングでちょうどいいでしょう

➡ 焼き方のコツへ

Basic Menu ⑩

鮭のチャンチャン焼き

北海道の秋味！今や誰もが知る存在になりました。家庭では電気ホットプレートにのるほどの定番料理ですね。鮭に切れ目を入れてタマネギを挟み、取り分けやすく工夫しました。野菜は好みのモノを使ってください。

作り方

1 まずは、鮭に5cm間隔で横に切れ目を入れましょう。鉄板にオリーブオイル（サラダ油可）を熱したら、鮭の皮を下にして置き、切れ目に半月切りにしたタマネギを挟み込みます。アルミホイルを全体にかぶせて、しばらく焼いてください。野菜は薄切りにして、火の通りにくい順に鉄板にのせていきます。

2 焼いている間にAの材料を合わせて（ニンニクはすりおろし、万能ネギは小口切り）、味噌ダレを作っておきましょう。アルミホイルをめくり、鮭の色が変わっていたら味噌ダレをタップリ塗ってください。

3 味噌の香ばしい香りがしてきたら、切れ目の部分から取り分けてお皿に取り、野菜と一緒に食べてください。

焼き方のコツ
厚手の鉄板を弱火にかけてジックリ焼きましょう！ここでもアルミホイルのカバーが役立ちますよ。

調理時間 **25分**
焼き時間 **20分**
鉄板

材料（4人前）

- 生鮭 ……………… 半身1枚
- オリーブオイル ……… 適宜
- タマネギ …………… 2個
- ニンジン …………… 1本
- ジャガイモ ……… 2〜3個
- キャベツ ………… 1/2個

A ＜味噌ダレの材料＞
- ニンニク …… 2片（チューブ入りおろしなら6cmくらい）
- 万能ネギ …………… 1/2束
- 日本酒 ………… 1/2カップ
- 砂糖 …………… 大さじ2
- 味噌 ……………… 1カップ

024

手順&コツ

1 焼き始める
5cm間隔で入れた切れ目に、スライスしたタマネギを挟みます。風味付けと切りやすくするためです。野菜も焼き始めましょう

2 味噌ダレ作り
ニンニクはすりおろし、万能ネギは小口切りにしたら、材料表Aを合わせるだけ！チューブ入りニンニクを使えば、さらに簡単です

3 味噌ダレを塗ります
味噌ダレを塗ります。鮭に火が通ってから塗ると、焦げ付きが少なくて済みます。焼けた野菜はタレに絡めて食べ始めて大丈夫です

Basic Menu ⑪

焼き時間 7~8分 | 鉄板 | 網

タラの ホイル焼き

サッパリした食感が人気のタラをアルミホイルで包み、
タラと野菜の水分だけで蒸し焼きにします。
うまみが凝縮して、本当に驚くほどおいしくできあがります。
豪快な肉料理などの合間にどうでしょうか？
ホッとする優しいタラちゃんです。

焼き方のコツ

この料理は鉄板でも網焼きでも可能ですが、網の方が短時間にできあがります。火力は中火以下がオススメです。

調理時間 15分

材料（4人前）

- タラ …………… 4切れ
- 青ジソ ………… 8枚
- 練り梅 ………… 適宜
- エリンギ ……… 4本
- バター ………… 40g

作り方

1 タラの切り身に、皮の反対側から切れ込みを入れて開きます。そこに青ジソ2枚を重ならないように挟み、さらに練り梅を塗り伸ばしておきましょう。エリンギは株分けして薄切りにしておきます。

2 アルミホイルを50cmほど引き出し、2つ折りにしたらエリンギ1／4を敷き、そこへ1のタラをのせる。さらにバター10gをのせて、アルミホイルで包みましょう。同じモノを4つ作ります。

3 鉄板か網にのせて焼き、シューシューと水分が沸騰する音とともに、バターの良い香りがしてきたら食べごろです。

026

027

手順 & コツ

1 梅シソ風味です
タラの切り身を開いたら、青ジソと練り梅で味付けです。練り梅の塩気はメーカーによって違うので、必ず味見をしてくださいね

2 エリンギのベッド
エリンギは薄切りにして、下に敷きましょう。焦げ付き防止とうまみを吸い取る二役をこなしてくれます。薄切りタマネギなどでも代用可です

3 バターをのせて
エリンギの上にタラを置き、バターをのせたら準備完了です。シッカリ包むと調理中の事故も防げるので、ぜひともアルミホイルは二重にしてください

Basic Menu ⑫

鮭のタルタルホイル包み

028

鮭の持っている水分と野菜のうまみ成分だけで蒸し焼きにする調理方法です。蒸し焼きはゆっくり温度を上げていくのが上手に焼く条件です。うまみがぎゅっと凝縮されていて、思わず笑みがこぼれる味に仕上がりますよ。

調理時間 15分

焼き時間 5~10分　鉄板　網

焼き方のコツ
包み焼きは一種の蒸し焼きです。ジックリ加熱すると糖質が増える化学変化が起きて、さらにおいしさは増します。

材料（4人前）
- タマネギ ………… 1個
- 生鮭 ……………… 4切れ
- 塩 ………………… 適宜
- コショウ ………… 適宜
- タルタルソース … 大さじ2
- しょう油 ………… 小さじ2

作り方

1 タマネギを薄切りにしたら、もう包丁は使いません。簡単な料理なんです。アルミホイルを50cmほど引き出し、2つ折りにしたら薄切りタマネギ1/4を敷き、そこへ軽く塩コショウした鮭をのせます。さらにタルタルソースを塗ってアルミホイルを包みます。コレを4つ作りましょう。

2 鉄板か網にのせて焼き、シューシューと水分が沸騰する音とともに、良い香りがしてきたら食べごろです。しょう油を垂らして食べてください。

手順&コツ

1 薄切りタマネギを敷く

二重にしたアルミホイルに薄切りタマネギを敷いて、焦げ付き防止と、うまみを引き出すふたつの役割をしてもらいます。極薄がオススメですよ!

2 鮭をタマネギの上に

薄切りタマネギの上に、軽く塩コショウした鮭を寝かせましょう。塩コショウは高い位置から振ると均等に味が付きます

3 弱火でジックリ加熱

鮭の上にタルタルソースを塗ったら、アルミホイルで包んで焼き始めます。弱火でゆっくり焼くと、化学変化の時間が長くなり、おいしさアップ!

↳ 焼き方のコツへ

Basic Menu ⓭

焼き時間 **15分** 網

炭焼き秋刀魚（サンマ）

猛烈に煙が上がるサンマの塩焼きは、
最近の環境ではアウトドア料理になったようです。
旬のサンマほど脂が多くおいしいのですが、
煙も多く上がります。風向きには注意して
焼いてくださいね。スダチやカボスなども用意してね。

030

焼き方のコツ
サンマの脂はスグに炎を上げてしまいます。炎が上がると黒焦げになるので濡れ布巾などで炎を抑えてください。

調理時間 **25分**

作り方

1 まずは炭をおこします。充分に炎を上げてから落ち着き、炭の表面が白くなったら準備にかかります。

2 サンマに塩を振ります。天然塩を全体にまぶしたら、10分ほど休ませて身を締めましょう。

3 焼きに入ります。網を充分に熱したら、ハケで酢を塗り、焦げ付き防止です。片面がシッカリ焼けて、焦げ色が程よく付いたら、ひっくり返して反対側もキレイに焼いてできあがりです。

材料（4人前）

・サンマ ……………… 4尾
・天然塩 ……………… 適宜

手順&コツ

1 天然塩で引き締めます
写真の例よりも高いところから天然塩を振るようにすると、均等に塩が振れます。また、焼き網が小さい場合は、サンマの頭を落としても構いません

2 焦げ付きやすいので
サンマの皮は、特に焦げて焼き網にくっつきやすいのです。網は丁寧にお酢を塗り、充分に温度も上げておきましょう。もちろん弱火キープです

3 大根おろしを忘れてた！
忘れていましたが、大根おろしは必需品ですね。ぜひ用意してください。焼きには炭が白くなった状態が適しています。火が弱いと勘違いしないで！

Basic Menu 14

焼き芋

焼き芋を焼くと、「垣根の垣根の曲がり角〜♪」と、ツイ口ずさんでしまうのは歳だからでしょうね〜。おき火に入れておけば、いつのまにか焼き上がりますから、個人的には月1回のペースで焚き火で焼いて遊んでます。

作り方

1 まずは炭をおこします。炭が炎を上げて落ち着き、炭の表面が白くなったら準備にかかります。

2 サツマイモを濡れ新聞でくるみましょう。これで温度上昇を遅くします。あとはおき火に直に入れるだけ。ときどきイモの向きを変えて均等に加熱するようにして、全体が黒く焦げたら食べごろです。

焼き方のコツ

イモのでんぷん質は55℃前後で糖質に変化します。この温度帯を長く保つことが、おいしく焼くコツです。

炭火

焼き時間 20〜30分

調理時間 40分

材料（4人前）

・サツマイモ ………… 小2個

手順&コツ

1 濡れ新聞で包みます

小さなサツマイモを基準に考えていますので、大きい場合は焼き時間を延長してください。イモひとつに1枚の新聞紙が基本です

2 炭に直置きします

イモは炭に直に置いて焼きましょう。新聞紙全体が黒く焦げてきたら、一度様子を見ます。手袋をして触り、軟らかく感じたら完成です

Basic Menu 15

ソーセージのマスタード焼き

加熱加工食品のソーセージは、バーベキューに欠かせない食材です。もちろん網焼きでもおいしいのですが、ここではマスタードに絡めて焼く方法を紹介します。

焼き時間 10分 / 鉄板

材料（1人前）

- ソーセージ ………… 適宜
- A ＜タレの材料＞
- マスタード …… 小さじ2
- しょう油 …… 大さじ1

調理時間 15分

手順＆コツ

1 ソーセージを焼く
鉄板に油は敷かず、ソーセージから出る脂で焼きましょう。一度ゆでてから焼くと、さらにヘルシーです

2 マスタード焼きです
しょう油とマスタードを合わせたタレをハケで塗ります。塗りすぎると塩気がきつくなるので注意です！

作り方

1 充分に熱した鉄板に、ソーセージを入れて焼きます。マメに向きを変えて、均等に加熱するようにしてください。

2 軽く焦げ目が付いたら、分量で合わせたAのタレを塗ります。塩気の多いソーセージは、ハケで塗れば充分です。しょう油の香りが立ったら完成です。

034

Basic Menu ⓰

新鮮な刺身を焼く

新鮮な刺身は、ワサビしょう油でいただくのが最高なのは知っていますが、野外では少し趣向を凝らしてみませんか？強火の鉄板で焼くだけです！鮮度に自信がナイ場合もオススメの調理方法です。

035

調理時間 5分

鉄板
焼き時間 1分

材料（1人前）

- 刺身 ………… 適宜
- A ＜タレの材料＞
- コチュジャン …… 適宜
- しょう油 ………… 適宜

作り方

1 鉄板を充分に加熱します。鮮度がいい刺身であるほど、短時間に表面だけを焼きたいのです。トーチバーナーで炙る方法もあります。

2 味見をしながら、コチュジャンとしょう油でAのタレを作ってください。中をレア状態に焼き上げた刺身につけて食べてください。

手順&コツ

1 魚の脂で焼く
鉄板に油は敷きません。刺身が出す脂で焼くので低カロリー料理ですよ。耐熱皿に盛り付けたあと、トーチバーナーで炙ってもOK！

Basic Menu ⑰

サバ味噌のつけ焼き

定食メニューで大人気のサバの塩焼きを、梅シソ風味のゆかり粉入りの味噌でつけ焼きにしました。サバの青臭さが薄くなり、とても食べやすい一品です。

材料（4人前）

- サバ ……………… 半身2枚
- 塩 ………………… 適宜

A ＜タレの材料＞
- おろしショウガ
  ……………… 小さじ1/8
- ゆかり粉 …… 小さじ1/2
- 日本酒 ………… 大さじ1
- 砂糖 ………… 小さじ1/2
- 味噌 …………… 大さじ1

作り方

1 まずはサバに軽く塩をして、10分ほど待ち、身を締めましょう。塩サバを購入した場合はAのタレを作ります。この間にAのタレを作ります。分量の材料をすべて混ぜるだけです。

2 充分に熱した焼き網にお酢を塗り、焦げ付き防止をしたら、サバの身から焼き始めます。程よくコゲ色が付いたら裏返し、皮面を下にして身にタレを塗ります。香ばしい香りが立ったら完成です。

手順＆コツ

1 梅シソ風味
ゆかり粉を使わなければ普通の味噌ダレです。ゆかり粉にはかなりの塩気があるので、使い過ぎに注意です！

2 つけ焼き
サバに火が通ったら、味噌を塗りましょう。ハケで塗るくらいの分量が適していると思います

焼き時間 15分　網　調理時間 25分

036

Basic Menu ⑱

エビの塩殻焼き

大振りの有頭エビを殻ごと焼きます。お正月に食べる地方もあるようですが、アウトドアレストランにも登場してもらいましょう。弱火を心がけてくださいね。

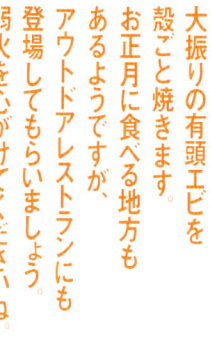

網
焼き時間 15分

調理時間 30分

作り方

1 まずエビに殻の上から塩を振ります。殻は食べるときにむくので、表面が白くなるくらい振っても大丈夫です。

2 15分ほど置き、塩を染み込ませたら弱火にのせて焼きましょう。エビを乾かすくらいの弱火がベストです。

手順&コツ

1 塩を振る
大胆にバンバン塩を振ってください。食べるときに手に付いた塩を舐めるくらいが、ちょうどいいはずです

2 乾かすつもりで
超弱火で焼きましょう！少しでも火力が強いと黒く焦げてしまいます。弱火でジックリまいりましょう

材料（1人前）
- エビ ………… 4尾
- 塩 ………… 適宜

Basic Menu 19

ホタテのバター焼き

下北半島などのホタテの産地では、シンプルな焼き方を好むようですが、タマのことなら思い切り風味を味わう方法で調理しましょう！ホタテとバターの相性は最高なんですよね～

焼き時間 5分 / 網

材料（4人前）

- ホタテ 4個
- 日本酒 .... 適宜
- しょう油 .... 適宜
- バター .... 4個（40g）

手順＆コツ

1 貝柱を下に
生きているうちに焼くと、貝柱は熱がり上側に付きます。そのタイミングで裏返せば貝柱は見事下側に付くのです

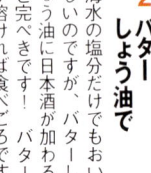

2 バターしょう油で
海水の塩分だけでもおいしいのですが、バターしょう油に日本酒が加わると完ぺきです！バターが溶ければ食べごろです

作り方

1 おき火になった炭火にホタテをのせましょう。少し焼いたらホタテを裏返します（これで貝柱は下側に付いているはずです）。

2 さらに焼き続け、ホタテの口が開いたら、日本酒としょう油、バター10gをのせます。新鮮なホタテならあまり焼かず、レア状態がベストです。日本酒としょう油のバランスは1対1が基本ですが、あまり気にせず、お好きな量で焼き上げてください。

調理時間 10分

Basic Menu ⑳

サザエの旨味焼き

大胆に焼き上げてもおいしいサザエですが、ひと手間かけて、食べやすさと味に工夫をしてみました 照り焼き風味のサザエはいかが？

材料（4人前）

- 活サザエ ………… 4個
- A ＜照り焼きソースの材料＞
- みりん ………… 大さじ2
- しょう油 ………… 大さじ2
- 昆布茶の素 … 茶さじ1/3

焼き時間 **10分** ／ 網

作り方

1 炭がおき火になったら、網の上にサザエを置いて焼き始めましょう。ここではサザエにご臨終願うのが目的ですから、身が外せるようになれば終了です。

2 火から下ろしたサザエの身を取り出し、食べやすく切り分けたら再び貝殻に戻します。ここで合わせたAの照り焼きソースを、ひとつにつき大さじ1ほど加えてください。

3 再び火にかけ、2～3分焼いてフツフツと沸騰させたら完成です。

手順&コツ

1 取り出すために
殻付きサザエを網焼きします。取り出すことが目的なので、焼き過ぎに注意してください

2 照り焼き味に
一度取り出したサザエを食べやすく切り、再び貝殻に戻します。ここで照り焼きソースも加えてくださいね

3 軽く煮ます
もう一度火にかけ、沸騰するまでの我慢です。焼いただけのサザエもおいしいけど、ひと味違いますよ！

調理時間 **20分**

Basic Menu 21

イカの照り焼き

お祭り？ イカの照り焼きの香りは、懐かしい気持ちにさせてくれます。しかも、作り方はいたって簡単！ 照り焼きソースを作ったら、あとはジックリ焼くだけです。ワタは外して焼いても良いでしょう。

材料（4人前）

- イカ ……………… 2杯
- A ＜照り焼きソースの材料＞
- みりん ……… 大さじ2
- しょう油 ……… 大さじ2
- 昆布茶の素 …… 茶さじ1/3

作り方

1 キレイに洗ったイカを、おき火にかけた網で焼きます（イカのさばき方は、153ページを参照にしてね！）。弱火キープで焼いてください。時間があれば、飾り包丁などを入れると雰囲気がグッと良くなりますが、必須ではありません。

2 イカに火が通り、キレイな焦げ目も付いたらAの照り焼きソースを塗ります。ハケで繰り返し3～4回塗ってください。もちろん、ここでも弱火キープです。しょう油の良い香りがしたら完成です。

手順＆コツ

1 飾り包丁
イカの皮に格子状に切れ目を入れます。コレを飾り包丁といいますが、見た目重視の技です

2 照り焼き
イカが焼けたら、照り焼きソースを塗りましょう。繰り返し塗ると味が濃くなります。基本は3～4回です

焼き時間 **15分** 　網

調理時間 **20分**

040

Basic Menu 22

焼き野菜の盛り合わせ

野菜だって照り焼きソースでおいしく食べましょう！好みの野菜を焼いて、照り焼きソースを塗るだけの簡単料理です。肉ばかりではいけませんよ！

網
焼き時間 5〜10分

調理時間 15分

材料（4人前）

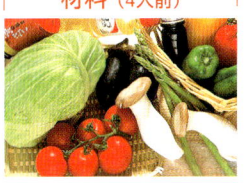

- ミニトマト …… 4〜5個
- アスパラガス …… 4本
- エリンギ …… 2本
- ナス …… 2本
- パプリカ …… 2個
- ピーマン …… 2個
- キャベツ …… 1/3個
- 塩 …… 適宜

A ＜照り焼きソースの材料＞
- みりん …… 大さじ2
- しょう油 …… 大さじ2
- 昆布茶の素 …… 茶さじ1/3

※お好みで野菜は適宜に

作り方

1 まずは野菜に軽く塩を振ります。ほんのひと振りで充分ですから、振りすぎには注意してください。

2 中火に網を置き、充分熱くなったら野菜を焼きましょう。火の通った野菜からAの照り焼きソースを塗り、ひと炙りしたら火から下ろして口の中へ。これで終了です。

手順＆コツ

1 野菜を焼く
基本的には中火が適しています。あまり火が弱いと乾いてしまい、おいしく焼き上がりません

2 照り焼きソース
ここでもハケが重宝します。軽く塗って炙ったら火から下ろし、好みで照り焼きソースをつけながら食べてください

バーベキュー Q&A 01

そもそもバーベキューの由来とは？

　バーベキューの語源はスペイン語らしいので、どうやらスペイン全盛時代に遡るようです。各国に攻め入って行く途中の野戦食のような存在だと推測されますね。
　日本にも戦国時代に考案された野戦食がいまでも名物として名を馳せている料理がありますよ。
　有名なところでは甲州ホウトウですね。
　いずれにしろ、材料を焼く行為は原始時代からあるわけですから、形が確立された時代が15世紀から16世紀にかけてのスペイン全盛期なのでしょう。現在では野生動物を焼く料理をジビエと呼びバーベキューと区別していますが、元々は同じ行為だと思います。

ラム肉

欧米では人気の高いラム肉も、日本では嫌われモノ。
最近のヘルシーブームで少しだけ食べる人が増えてきました。
本当はとてもおいしく身体に良い優良肉なんですよ。
ぜひチャレンジしてくださいね。

Lamb Menu Recipe

Lamb Menu ㉓

ラムチョップの香り包み

日本人にはジンギスカンくらいしかなじみのないラム肉ですが、その深い味わいは牛肉をはるかに凌駕すると、肉食文化の欧米では評価されています。独特のにおいはニンニクとハーブを使って薄くしています。

材料（4人前）

- 骨付きラム肉 ……………… 8本
- ニンニク …………………… 4片
- レモン ……………………… 1個分
- A ＜オイルハーブ塩の材料＞
- オリーブオイル … 大さじ2
- ローズマリー …… 大さじ2
- タイム …………… 小さじ1/2
- 塩 ………………… 小さじ1
- コショウ ………… 小さじ1

作り方

1. Aのオリーブオイル、ローズマリー、タイム、塩、コショウを混ぜましょう。
2. ラム肉にナイフで切り込みを入れ、薄切りしたニンニクを差し込みます。
3. 1で合わせたオイルハーブ塩をラム肉の表面に塗り、10分間置いてなじませます。
4. アルミホイルでキチンと包み、おき火にかけます。15分を目安に焼きましょう。ラム肉は少し赤みが残るくらいでも大丈夫です。仕上げにレモン汁をかけて食べてください。

調理時間 25分

焼き方のコツ
アルミホイルにキッチリ巻いて包んで焼きます。弱火をキープして蒸し焼きにするとおいしく仕上がります。

焼き方のコツへ

手順＆コツ

1 ニンニクを挟む

ラム肉に薄くスライスしたニンニクを挟みます。あらかじめナイフで切れ目を入れておくと簡単に差し込めます

2 オイルハーブ塩

ニンニクを挟んだラム肉にハーブオイル塩を塗り、しばらく寝かせて味をなじませましょう。アルミホイルはキチンと巻いてくださいね

3 弱火に直置き

火力の落ちた炭火に直置きして焼きます。15分が目安ですが、香りが立ったらチェックしてください。仕上げにレモンを忘れずに！

焼き時間 15分　鉄板

Lamb Menu ㉔

焼き時間 **40分** 鉄板

爽やかラムロースト

爽やかなミントやローズマリーを使い、
ラム肉独特のにおいを薄くしたラムローストです。
甘めのソースを好まない人は、
材料から砂糖を省略してください。
ここでもアルミホイルのカバーを使います。

調理時間 **50分**

046

作り方

1 弱火の炭火に鉄板をのせ、充分に加熱しておきます。その間にローズマリー、塩（小さじ1程度）、コショウ（小さじ1/2程度）、オリーブオイルをよく混ぜておきます。

2 1で合わせたオイルをラム肉に塗ります。なじませるために少し待ちましょう。この間に、付け合わせの野菜（今回はジャガイモを使用）を食べやすく切っておきます。

3 10分ほど置き、オイルがなじんだら、熱くなった鉄板でラム肉の表面に焦げ目を付けてください。火力は弱火ですから、鉄板の温度が下がりますが、温度が下がったら野菜も入れて焼いていきます。アルミホイルでカバーを作ると効率よく焼けるでしょう。

4 この間にミントとワインビネガー、砂糖を熱湯で溶いてAのミントソースを作ります。肉が焼けたら切り分けて、ソースをかけて食べてください。

材料（4人前）

- ラム肉 …… 1ブロック（450g）
- ローズマリー ……… 大さじ1
- 塩 …………………… 適宜
- コショウ …………… 適宜
- オリーブオイル …… 大さじ4

A ＜ミントソースの材料＞
- フレッシュミント …… 3～4枝
- ワインビネガー …… 1/4カップ
- 砂糖 ………………… 小さじ1
- 熱湯 ………………… 1/4カップ
- 塩 …………………… 適宜

手順&コツ

1 臭みを消すために

ラム肉が持つ独特のにおいを消すために、オリーブオイルにローズマリー、塩コショウを混ぜたモノを肉に塗り込みましょう

2 うまみを閉じ込める

充分加熱した鉄板で、表面に焦げ目を付けてください。コレができればうまくできたも同然です。あとは弱火キープで焼きましょう

↙ **焼き方のコツへ**

焼き方のコツ

弱火キープが基本ですが、最初に鉄板を充分加熱して、ラム肉の表面に焦げ目を付けてください。コゲ色でラム肉のうまみを閉じこめてしまいましょう。

Lamb Menu 25

手作りダレのジンギスカン

市販のタレは甘さが舌に残りますね。そこでオリジナルのタレ作り。野菜も一緒に焼いてほしいのは当然です。特にモヤシとタマネギは欠かせません。

調理時間 **60分**

焼き時間 **5分**

材料（4人前）

- ラム肉 …………… 800g
- A ＜タレの材料＞
- しょう油 …… 1/2カップ
- 赤ワイン …… 1/3カップ
- ニンニク ………… 2片
- リンゴ …………… 1個
- タマネギ ………… 1個
- ピーマン ………… 1個

作り方

1 適当な器にしょう油と赤ワインを入れ、そこにすべての材料をすりおろしてしまえばAの準備は終了です。時間があれば、1時間ほど寝かせて熟成させましょう。時間のないときは、ひと煮立ちさせるとスグにまろやかさが増します。

2 完成したタレに、ラム肉を30分ほど漬け込んで焼くか、焼いた肉にタレを付けて食べましょう。モヤシやタマネギなどの野菜も同時に焼いてください。

3 野菜とともに焼く
野菜とも相性抜群なラム肉は、鉄分やビタミンB群、不飽和脂肪酸などを豊富に含んだヘルシーな肉なのです

手順＆コツ

1 おろし金を使います
リンゴとタマネギをすりおろしましょう。リンゴは酸味のあるモノが適しています。ピーマンはセロリで代用可です

2 漬け込みます
ここで定番の漬け込み作戦です。30分ほど漬け込んで味をなじませましょう。ときどき混ぜて、味を均等に染み込ませます

アレンジ

Arrange Menu Recipe

いつもの料理にひと手間加えたり、材料を少し増やすだけで新しい料理が誕生します。創作の面白さは無限なのです。
ここにあるレシピをヒントに、新しい調理方法を自分でも開発してみませんか?

Arrange Menu 26

網焼き鶏のバルサミコしょう油

バルサミコはイタリアのお酢です。中国の黒酢のように体に良いので、たくさん使ってほしい調味料ですね。さらに鶏肉は網焼きにして、余分な脂を落としてしまう。ヘルシーでおいしい焼き鳥です。

調理時間 35分

材料（4人前）

- 鶏むね肉 ……… 2枚（500g）
- A＜バルサミコソースの材料＞
- ニンニク ……………… 1片
- バルサミコ酢 ……… 大さじ6
- しょう油 …………… 大さじ6

作り方

1 鶏むね肉の厚さを均等にするように、包丁で切り身を入れて開いておきましょう。ここで軽く塩コショウしても構いません。水っぽい肉ならオススメです。

2 弱火に置いた焼き網を充分に熱したら、皮を下にして鶏肉を焼き始めます。肉の脂が垂れて炎が上がったら、濡れ布巾などをかぶせて消してください。

3 鶏肉の皮にキレイなコゲ色が付いたら裏返します。このとき、フライパンにタタキ潰したニンニクとバルサミコ酢、しょう油を入れて同時に煮つめてください。

4 鶏肉が焼けたら食べやすく切り分け、煮つめたAのバルサミコソースと絡めれば完成です。

焼き時間 25分 網

手順＆コツ

1 むね肉を均等に開く
均一に加熱するために、むね肉の厚さを整えます。皮を下にして、包丁を斜めに入れて開くだけです。このひと手間でおいしさアップですよ！

2 皮面から焼きます
鶏肉は皮面から焼き始めましょう。大量に脂が落ちると、炭火から炎が上がることもあります。慌てずに、濡れ布巾などを用意して消してください

3 ソースを煮つめる
皮面が焼けたら、裏返して反対面も焼きましょう。このとき、分量のバルサミコ酢としょう油、潰したニンニクもフライパンで軽く煮つめてください

4 仕上げに合わせます
焼き上がった鶏肉は食べやすく切り分け、煮つめてまろやかになったソースと合わせます。これで完成です。熱いうちに食べてくださいね

焼き方のコツへ

050

> **焼き方のコツ**
>
> 弱火キープが基本です。鶏皮から脂が落ちると炎が上がります。慌てずに濡れ布巾などで消してください。

Arrange Menu 27

ポークとビーフの卵とじ

和風な料理名としょう油を使って日本食風に仕立てていますが、本来はピカタと呼ばれる西洋料理です。ソースにケチャップを加えれば一気に洋風になり、パン食にとても合う一品です。ワインもいいですよ〜！

調理時間 10分

作り方

1 豚肉と牛肉に塩コショウをして、両面に小麦粉をまぶします。次いで弱火にかけた鉄板にバターを溶かしましょう。

2 バターが溶けたら、溶き卵にくぐらせた豚肉を焼きます。続いて溶き卵にくぐらせた牛肉を重ねます。豚と牛を交互に重ね、最後に残った卵はかけ回してください。

3 卵が固まるまで弱火で4分くらい待ち、良い色になったら裏返します。豚肉に火が通るまで、さらに3〜4分焼きましょう。焼き色が付いたらできあがり。盛り付け後、しょう油とウスターソースを合わせたソース（好みでケチャップも）をかけて食べてください。

材料（4人前）

- 豚肉の薄切り ………… 150g
- 牛肉の薄切り ………… 150g
- 塩 ……………………… 適宜
- コショウ ……………… 適宜
- 小麦粉 ………………… 適宜
- バター ………………… 30g
- 卵 ……………………… 2個
- しょう油 ………… 大さじ1
- ウスターソース …… 大さじ3

※お好みでケチャップは適宜に

焼き方のコツ
材料に使うバターと卵は、とても焦げやすい食材です。弱火をキープして、焼き時間には充分注意してください。

鉄板
焼き時間 8分

052

手順＆コツ

1 小麦粉を振ります

小麦粉を使うと、うまみを閉じ込めることができます。また、全体をまとめる働きもしてくれます。塩コショウも忘れずに！

2 交互に重ね焼き

豚肉＋牛肉＋豚肉＋牛肉というように重ねていきましょう。時間を短縮したいときには、少し焼いてから重ねる方法もあります

3 卵とじにします

最後に残る溶き卵をかけ回し、全体を卵とじにします。コレですべてのうまみを閉じ込めてしまう作戦です。固まって焼き色が付けば完成です

Arrange Menu 28

焼き時間 2分　網

炭焼きチャーシュー

一度煮てから焼くので少し面倒に感じるかもしれませんが、この手間が余分な脂を落として、肉脂のうまみだけが味わえるのです。肉のうまみは脂にあることが理解できるチャーシューです。

054

焼き方のコツ

一度煮て加熱してあるので、焼きは短時間、香りを出す程度で充分です。また切り分けたあと、食べる人がもう一度焼くとおいしさが増します。

調理時間 80分

作り方

1 鍋に肉を入れ（入らないときは切る）、肉が隠れるくらいにウーロン茶を注ぎます。火にかけ、ウーロン茶が沸騰してから15分くらいで火から下ろします。

2 ゆで肉が触れる程度に冷めたら、ビニール袋にAの分量のしょう油とみりん、好みの量のコチュジャン（大さじ1が基本です）を入れて味見をして、好みの味に調えてください。

3 ビニール袋のタレにゆで肉を入れ、1時間ほど寝かせてあげましょう。時間がきたら取り出し、軽く炙って切り分けます。各自でもう一度焼いて食べると最高ですよ。

材料（4人前）

- 豚バラ肉ブロック …… 400g
- ウーロン茶 …………… 適宜
- A ＜タレの材料＞
- しょう油 ………… 1/2カップ
- みりん …………… 1/2カップ
- コチュジャン ………… 適宜

手順 & コツ

1 ゆでて脂を落とします
今回はウーロン茶でゆでましたが、紅茶や日本茶でもおいしくできます。タマには気分を変えてみるのもオススメです

2 味を漬け込む
ファスナー付きビニール袋が用意できればとても便利です。空気を抜いておけば、保存にも有利ですし、余分な洗いものを出さずに済みますね

3 焼き色と香り
炭火と網を用意し、軽く全体を焼いたら切り分けましょう。最後にもう一度タレをからめて焼くと、さらにおいしくなります

➡ 焼き方のコツへ

Arrange Menu 29

ハンバーガー

ファストフードの代名詞のようなハンバーガーも、アウトドアクッキング全盛のアメリカでは立派な野外料理です。今回は省略しましたが、レタス、タマネギ、ケチャップも大切な食材です。材料にぜひ加えて下さい。

調理時間 45分

焼き時間 20分 鉄板 網

056

手順＆コツ

1 ハンバーグ作りから
タマネギ、セロリ、ニンニクをすりおろしたら、みじん切りのパセリなど、ほかの材料を入れて粘りが出るまで混ぜましょう

材料（4人前）

- パン（バンズ） ……… 4つ
- つぶつぶマスタード …… 適宜
- タルタルソース ……… 適宜
- ピクルス ……………… 適宜

A ＜ハンバーグの材料＞
- タマネギ ……………… 1/2個
- セロリ ………………… 1/2本
- ニンニク ……………… 2片
- パセリ ………………… 1枝
- 豚ひき肉（赤身） …… 500g
- パン粉 ………………… 1カップ
  （または食パン1枚）
- 卵 ……………………… 1個
- 塩 ……………………… 小さじ1
- コショウ ……………… 適宜
- ナツメグ ……………… 適宜
- サラダ油 ……………… 適宜

作り方

1 まずはAの材料を用意してハンバーグを作ります（作り方は18〜19ページを参照してください）。

2 ハンバーグが焼けたら、鉄板を火から下ろして網をのせます。超弱火でパンを軽く焼きましょう。

3 焼けたパンにマスタードを好みの分量塗ったら、ハンバーグを置きます。次にたっぷりタルタルソースを塗り、スライスしたピクルスをのせたら完成です。野菜を使う場合、レタスはハンバーグの下、タマネギはピクルスの下です。ケチャップも捨てがたいですね。

焼き方のコツ

パンは温める感覚で焼きましょう。ともかく弱火でふんわりと焼いてください。焦げ目は不要です。

4 重ねて置けば完成です

パン＋マスタード＋ハンバーグ＋タルタルソース＋ピクルス＋パンの順に重ねるだけ！ レタス、タマネギ、ケチャップも使いたい食材です

↓ 焼き方のコツへ

3 パンを焼きます

今度は網を使います。ここは超弱火で焼きたいところです。パンを温める感覚で、ふんわりと仕上がるように焼きましょう

2 弱火でジックリ焼く

鉄板を弱火にかけてジックリ焼きます。片面を焼いたら裏返して、アルミホイルなどでカバーを作って、効率よく焼き上げてください

Arrange Menu 30

焼き時間 **5分** / 網

手作りソーセージ

DIYショップで販売している「手作りソーセージ2点セットと天然羊腸」を使い、オリジナルソーセージを作ります。腸詰め作業はナカナカ手強いため、ひとりでは大変です。慣れるまでは助手を頼みましょう。

058

調理時間 **70分**

焼き方のコツ
燻煙していないソーセージなので、中火以上で焼き色を付けるように焼いてください。

作り方

1 天然羊腸を水洗いしたら、20分ほど水に漬けて塩抜きします。

2 その間にソーセージの中身を作ります。タマネギ、セロリ、ニンニクはすりおろし、パセリをみじん切りにしたら、ほかの材料と混ぜるだけ！ 粘りが出るまで混ぜたら、「ソーセージ絞り出し袋」に空気を入れないように詰めましょう（「手作りソーセージ2点セットと天然羊腸」の使い方は153ページで紹介しています）。

3 「絞り袋の金口」に塩抜きした羊腸をセットしたら、袋を絞って腸詰め開始です。少しコツが必要ですが、道具の包装袋にも詳しく解説があります。

4 70℃の湯で20分ゆでたら焼きましょう。キレイな焦げ目が付いたら完成です。

材料（4人前）

- タマネギ ……………… 1/2個
- セロリ ………………… 1/2本
- ニンニク ……………… 2片
- パセリ ………………… 1枝
- 豚ひき肉（赤身）……… 800g
- 卵 ……………………… 1個
- 塩 ……………………… 小さじ5
- コショウ ……………… 小さじ1/4
- ナツメグ ……………… 小さじ1/2
- オレガノ ……………… 小さじ1/4

手順＆コツ

1 腸詰めのコツ 
空気を入れないように絞ります。適当な長さになったらクルクル回せば、ソーセージの形になるから安心してください

2 温度厳守でゆでます 
ソーセージを70℃の湯で20分間ゆでます。普通はその後、燻煙にかけますが、今回は省略です。スグに焼いて食べましょう

3 中火でコゲ色を付ける
炭火と網を用意してから焼き始めます。少し強めの中火で、ソーセージにおいしそうなコゲ色を付けてください。熱いうちに食べましょう

➡ 焼き方のコツへ

炭焼きホットドッグ

Arrange Menu 31

日本では手軽な海辺の食べ物感覚ですが、本家アメリカではアウトドアでも大人気のメニューです。炭火の遠赤外線で焼くうまさは、野外ならでは！オーブントースターでは出せないうまみをゼヒ味わってみてください。

作り方

1. まずはソーセージから焼きましょう。長いホットドッグ用が最適です。少しコゲ目を付けるように焼いてください。その間に、キャベツを細切りにしておきます。

2. ソーセージが焼けたら、鉄板から取り出して鉄板も取り除きます。パンの切れ目に刻んだキャベツをギッシリ挟み、ソーセージをのせます。ソーセージの脇にタルタルソースとケチャップを塗ったら、アルミホイルに包んでおき火になった炭で直置きします。

3. パンが焼ける香ばしい香りが出てきたら取り出し、好みでマスタードを添えて食べましょう。

調理時間 15分

焼き時間 10分　炭火

焼き方のコツ
ソーセージは軽く焦げ目が付く程度に焼きます。仕上げのアルミホイル包み焼きは、弱火のおき火でゆっくりです。

材料（4人前）
- ソーセージ ……………… 4本
- キャベツ ………………… 1/4個
- ホットドッグパン ……… 4つ
- タルタルソース ………… 適宜
- ケチャップ ……………… 適宜
- ※お好みでマスタードは適宜に

060

手順＆コツ

1 ソーセージを焼く 
中火で鉄板を熱したらソーセージを焼きましょう。油は使いません。ソーセージ自身が出す脂だけで焼きます

2 アルミホイルで包み焼き 
キャベツ、ソーセージ、タルタルソースとケチャップをパンに挟んだら、アルミホイルで包みましょう

3 直火で焼く！ 
おき火になったところに直接置いて焼きましょう。この方がパンなどの食材が乾かず、おいしく焼き上がるのです

↓焼き方のコツへ

Arrange Menu 32

マリネチキンのバーベキュー

マリネソースにかなり長く漬けておいても大丈夫ですから（数時間からひと晩）、出かける前に仕込んで行くのもひとつの方法です。できあがりはレタスなどの野菜を敷いた皿に盛り、栄養バランスをとってくださいね。

焼き方のコツ

しょう油の入ったマリネソースに漬け込んであるので、焦げ付きに注意してください。焼き網には酢を塗り弱火です。

焼き時間 5〜6分　網

調理時間 65分

作り方

1. 鷹の爪を刻んだら、ほかの材料を合わせてAのマリネソースを作ります。これに食べやすく切り分けた鶏肉を浸し、涼しいところで1時間休ませましょう。クーラーボックスで数時間からひと晩寝かせても大丈夫です。ときどき混ぜて、味を均等に染み込ませてください。

2. 弱火で鶏肉を焼きます。頻繁に裏返し、マリネソースをつけながら焼きましょう。焼きあがりに塩を振り、好みの塩気にします。

3. レタスなどの野菜を敷いた皿に盛り付け、できるだけ栄養バランスを取ってください。

材料（4人前）

- 鶏むね肉 …………… 2枚
- A＜マリネソースの材料＞
- 鷹の爪 …………… 5〜6本
- おろしニンニク …… 大さじ1
- オリーブオイル …… 1/4カップ
- しょう油 …………… 大さじ1
- パプリカ …………… 小さじ1
- ナツメグ …………… 小さじ1/4
- タイム ……………… 大さじ1/4
- 塩 …………………… 小さじ1
- コショウ …………… 小さじ3/4

手順＆コツ

1. マリネソースに漬け込む

1時間ほど置いて、ときどき混ぜて味を均等に染みこませるようにします。また、長時間漬けた鶏肉も格別ですから試してくださいね

2. 弱火で焦がさぬように　↑焼き方のコツへ

頻繁に裏返し、焦がさないように焼いてください。また、マリネソースをつけながら焼くと一段とおいしくなります。塩は好みで振ってください

063

Arrange Menu 33

焼き時間 **35分** 鉄板

骨付きチキンのチリ焼き

ピリッと辛く、ほんのり甘いラテン的な味の骨付き焼き鳥です。今回は骨付きのもも肉を使ったために、少し調理時間がかかっていますが、むね肉やササミでもできます。その場合はもっと短時間に調理可能ですよ。

064

調理時間 **100分**

材料（4人前）

- 骨付き鶏もも肉 ………… 2本
- 塩 …………………… 適宜
- コショウ ……………… 適宜

A＜チリミックスの材料＞
- チリパウダー …… 大さじ1
- 砂糖 ……………… 大さじ1

B＜フルーツソースの材料＞
- トマトケチャップ … 1/2カップ
- オレンジジュース … 1/6カップ
- ウスターソース …… 大さじ1
- しょう油 ………… 大さじ1/2

作り方

1 Aのチリミックスの材料を合わせて、よく混ぜておきます。鶏肉に塩コショウで下味を付けたら、肉の両面にチリミックスをたっぷり振りかけて、押しつけるようにして、スパイスを鶏肉になじませます。常温で1時間休ませてください。

2 次に適当な器にBのフルーツソースの材料をすべて合わせて混ぜます。続いて休ませた鶏肉の皮を下にして、弱火の網で35分間を目安に焼きましょう。両面をこんがり焼き、皮にパリッと焦げ目が付けば最高です。焼き上がったらソースをかけて食べてください。

手順&コツ

1 チリミックスを塗る

今回は砂糖とチリパウダーですが、市販のチリミックスを使ってもいいでしょう。押さえるように塗り込みましょう

2 焦がさぬように！

チリミックスには砂糖が入っているので、焦げやすいので焼きは超弱火！ 頻繁に裏返して、中まで火を通してください

焼き方のコツ

肉厚のある骨付きもも肉に火を通すには、弱火で長時間かけるしか方法がありません。ここでもアルミホイルで作るカバーが役立ちます。

→ 焼き方のコツへ

Arrange Menu 34

トリサラダの
ピリ辛ソース掛け

普通の焼き鳥に飽きたら、絶対オススメな一品がコレです。ピリ辛ソースはお酒やビールのつまみにするなら、加熱しないで混ぜるだけ！少し加熱すると味がなじみ、まろやかさが増します。

066

焼き時間 15分　網

材料（4人前）

- 鶏むね肉 ………… 2枚
- 塩 ………… 適宜
- コショウ ………… 適宜
- オリーブオイル ………… 適宜
- A ＜ピリ辛ソースの材料＞
- 鷹の爪 ………… 1本
- タマネギ ………… 1/8個
- ピーマン ………… 1/2個
- トマト ………… 小1/2個
- ケチャップ ………… 1/4カップ
- 豆板醤 ………… 小さじ1
- タバスコ ………… 小さじ1

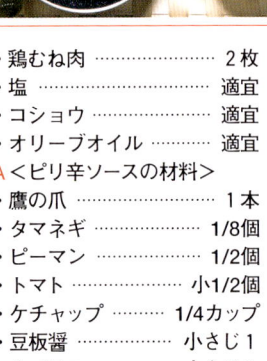

調理時間 20分

作り方

1 むね肉の厚さをそろえることから始めます。皮を下にしたむね肉の厚い部分にナイフを入れて、開くようにして厚さをそろえます。次に塩コショウで下味を付け、オリーブオイルを揉み込んでおきましょう。

2 弱火にかけた網を熱したら、皮を下にしてむね肉を焼き始めます。じっくりパリッと両面を焼いてください。この間に、Aのピリ辛ソースを作ります。鷹の爪を刻んでタマネギ、ピーマン、トマトをみじん切りにしたら、すべての材料を混ぜるだけです。焼き上がったら薄く切り分け、野菜を敷いたら塩コショウで味を調えます。最後に塩コショウで味を調えます。

手順&コツ

1 ピリ辛ソース

野菜を刻んで、すべての材料を混ぜるだけで終了。最後に味見をして、塩コショウで味を調えます。このままでもいけますが、少し加熱してもOK

2 弱火でパリッ!

厚さが均一になったむね肉は、火の通り方が同じなので焼きやすいはずです。皮面は特にこんがりパリッと焼きましょう。弱火キープです

← 焼き方のコツへ

焼き方のコツ

皮面から弱火で焼き始めましょう。落ちた脂に引火して炎が上がったら、濡れ布巾などでスグに消してください。

いた皿に盛り付けます。ピリ辛ソースをかけて完成です。

Arrange Menu 35

焼き時間 10分　炭火

カツオの土佐づくり

濡れ新聞に包んで、炭火にポンと入れるだけ！伝統的なカツオのタタキが野外でも簡単にできあがります。材料表にはポン酢と書いてありますが、レモンやユズなどの柑橘類を2種類としょう油で食べてもおいしさは格別ですよ。

068

焼き方のコツ

新聞紙は充分濡らしてください。また火力は強火です。短時間に表面付近だけを焼くのがコツです。

調理時間 15分

材料（4人前）

- 万能ネギ ………… 適宜
- 青ジソ …………… 適宜
- ミョウガ ………… 適宜
- カツオ（たたき用に切ったもの）
　　　　　　　………… 2冊
- ポン酢 …………… 適宜

作り方

1 万能ネギは小口切り。青ジソとミョウガは短冊切りにしておきます。ほかにも、好みの薬味を切ってください。

2 新聞紙を1枚ずつ水で濡らし、2つ折りにしたら、カツオ1冊に1枚の割合いで包みます。新聞に包んだカツオを強火の炭火に入れ、ときどき位置を変えながら、新聞の表面が黒くコゲてきたらできあがり。炭火から取り出して新聞を外したら、薄切りにしてお皿に盛り付けます。薬味をドッサリのせ、ポン酢をかけて食べてください。

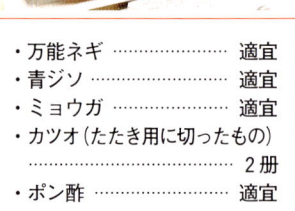

→ 焼き方のコツへ

手順&コツ

1 濡れ新聞で包みます

これでカツオのタタキとしてちょうどいい具合に火が入ります。また、カツオの表面が汚れるのも防いでくれますね

2 強火に直置きして！

ここでは強火を使います。弱火で焼くと全体に火が通り、タタキらしくなくなってしまうのです。新聞が焦げればできあがりの合図です

3 冷水につけながら

焦げた新聞紙を剥がします。できれば冷水につけながらやってください。余熱が入るのを防止すると同時に、カツオもキレイになりますから

Arrange Menu 36

マグロのつけ焼き

お刺身の代表のようなマグロを、贅沢にもサッと炙っていただきます。艶のある味噌ダレで風味豊かに仕上げるので、赤身よりも中トロくらいがちょうどよいかな？贅沢ですか？たまには許してくださいませ！

焼き方のコツ

アミに酢を塗って焦げ付き防止です。味噌ダレも軽く炙って焼き色と香りを出して仕上げます。中火キープです。

調理時間 15分
焼き時間 5分
網

材料（4人前）

- マグロ ……………………… 4冊
- A＜味噌ダレの材料＞
- おろしニンニク …… 小さじ1
- おろしショウガ …… 小さじ1
- 味噌 ……… 大さじ山盛り2
- 砂糖 ………………… 大さじ1
- 日本酒 ……………… 大さじ6

作り方

1 まずはAの味噌ダレを作ります。おろしニンニクとおろしショウガを小さな鍋に入れたら、分量の味噌、砂糖、日本酒を加えて混ぜます。これを火にかけ、手早くかき混ぜながら煮つめましょう。手早くかき混ぜると、味噌ダレにツヤが出ておいしくなります。

2 網を充分熱したら、ハケで酢を軽く塗ったら、マグロを焼きます。両面を軽く炙って仕上げハケで味噌ダレを塗って仕上げます。少しずつ塗って（2〜3回）焼き上げましょう。切り分けて盛り付けます。

070

071

手順&コツ

1 味噌ダレに艶を出す
味噌ダレは手早く混ぜてください。味にかなり影響します。またお酒のアルコールを飛ばす意味もあるので、必ず煮切ってください

2 タタキのように
マグロは生食用を使いますので、表面だけ軽く炙ればよいのです。短時間に手早く、軍手着用でお願いします。冷凍は常温に戻してから!

3 少しずつでも手早く
味噌ダレを塗るときが一番忙しい仕事です。ここでも軍手着用で、薄く何度も塗ってください。タレも炙るとおいしさ倍増です

↗ 焼き方のコツへ

Arrange Menu 37

焼き時間 10分 / 網

ブリの照り焼き

和室が似合うブリ照りも、
実は炭火を恋しがるバーベキューの
仲間だったのです。みなさんもこんなメニューに
驚いたかもしれませんが、
私が一番ビックリしています。
お約束ですが、
大根おろしもゼヒ付け合わせてくださいね。

調理時間 15分

材料（4人前）

- ブリ ………………… 4切れ
- 塩 …………………… 適宜
- A＜照り焼きソースの材料＞
- しょう油 …………… 大さじ2
- みりん ……………… 大さじ2
- 昆布茶の素 ……… 茶さじ1/3

作り方

1 まずはAの照り焼きソースを作りましょう。材料を合わせるだけですが、昆布茶の分量は好みで決めてください。コレはあくまで私好みの味加減です。

2 ブリに軽く塩を振ったら、しばらく置いて常温に戻しましょう。指で触って冷たくなければ大丈夫です。

3 焼き網を弱火にかけたらお酢を塗り、焦げ付き防止はいつもと同じです。身を崩さないように丁寧に焼いてください。ブリに火が通ったら、照り焼きソースを塗ります。数回に分けて塗り、香りも引き出してください。

手順&コツ

1 塩を振り常温にする 
ブリに軽く塩を振り、身を締めます。クーラーボックスから出したばかりでは温度が低いので、常温になるまで待ってください

2 重ねてソースを塗る 
ブリに火が通ったら、照り焼きソースを塗りましょう。ハケで数回に分けて塗るのが上手に焼くコツです。味と香りが引き立ちます

◀ 焼き方のコツへ

焼き方のコツ
ブリは必ず常温に戻してから焼いてください。焦げ付きやすいので、網に酢を塗ることもお忘れなく！ 弱火です。

Arrange Menu 38

イワシのオリーブオイル焼き

コレは完全にイタリア料理です。今回は付け合わせに白髪ネギを使っていますから、完全とは言い切れませんが、イワシはイタリア南部でも食べられているようです。最近では高級魚のイワシです。少し洒落てあげましょう。

074

材料（4人前）

- ・長ネギ ……………… 1本
- ・イワシ ……………… 4尾
- ・塩 ………………… 大さじ1/2
- ・オリーブオイル ……… 適量
- ・バルサミコ酢 ………… 適宜

調理時間 15分
焼き時間 5分
鉄板

作り方

1. まずは付け合わせのネギを細長く切っておきます。これを白髪ネギと呼びます。

2. イワシをよく洗ったら、腹開きにします　イワシをさばくのが不細工ですみません！（写真が私、魚さばくのヘタですね～）。開いたらワタを取り除いて、水洗いします。

3. 開いたイワシの水気を拭き取り、塩を振ったら、

熱した鉄板でオイル焼きにします。両面焼いたら皿に取り、オリーブオイルとバルサミコ酢をかければできあがり！　刻んだネギを散らしましょう。

手順&コツ

1 イワシに塩を振る

開いたイワシに塩を振り、身を締めながら下味を付けます。出てくる水分は拭き取ってから鉄板で焼きましょう

焼き方のコツ

崩れやすいイワシは、鉄板でオリーブオイル焼きにします。鉄板とオイルは充分に加熱してから焼きます。

Arrange Menu 39

イサキとメバルのオリーブオイル焼き

どちらも塩網焼きで充分おいしいと思いますが、網焼きは意外に手間と技が必要な仕事です。そこで鉄板を使って簡単にオイル焼きにしました。仕上げに新鮮なオリーブオイルとバルサミコ酢をかけて食べましょう。

076

材料（4人前）

- イサキ ………………… 1尾
- メバル ………………… 1尾
- 塩 ……………………… 適宜
- オリーブオイル …… 大さじ6
- バルサミコ酢 ………… 適宜
- パセリ ………………… 1枝

作り方

1 キレイに洗った魚のウロコを、包丁を使って落とします。次にお腹にも包丁を入れ、ワタを出してお腹も洗ってください。

2 魚の表面とお腹に塩をしておきます。その間に鉄板を加熱してください。鉄板が熱くなったらオリーブオイルを入れます。

3 熱くなったオイルに魚を入れ、キレイに焼き色を付けましょう。裏返したらアルミホイルでカバーをして、火を通します。焼き上がったらお皿に取り、新鮮なオリーブオイルとバルサミコ酢をかけ、刻んだパセリを散らせば完成です。

焼き方のコツ
弱火で加熱した鉄板に、オリーブオイルをたっぷり敷いて焼きましょう。アルミホイルのカバーも活用してください。

調理時間 30分

焼き時間 25分　鉄板

手順＆コツ

1 ウロコとワタの処理
慣れないと少し面倒に感じると思います。購入時に魚屋さんに頼んでみるとやってくれる場合もありますよ

2 塩を振り下味を付ける
魚の表面だけではなく、お腹の中にも塩を振って下味をしっかり付けてください。塩気はこれだけですから

3 オリーブオイルで焼く
たっぷりのオリーブオイルを加熱して焼いてください。材料表には大さじ6と書きましたが、もっと多くても大丈夫です

▶ 焼き方のコツへ

Arrange Menu 40

塩焼きエビの洋風ネギ油仕立て

材料表を見てもらえばわかると思いますが日伊合作！流行りのコラボレーション〜やつでしょうか！頭なしの冷凍エビでも高級感あるおつまみになります。アウトドアレストランでこれが出たらゲストは驚きますよ。

作り方

1 エビに塩を振り、弱火で熱した網で焼きましょう。焼いている間に、Aのネギ油を作ります。

2 フライパンに刻んだニンニクとオリーブオイルを熱くして、刻んだ鷹の爪も加えます。鷹の爪が焦げてきたら、細く切った長ネギも入れ、ネギがしんなりしたら完成です。焼き上がったエビの殻をむいて皿に盛り、ネギ油をかけて食べてください。

焼き方のコツ
基本的にエビは殻付きで焼きましょう。少し多めに塩を振り、焼き上がったら殻を外します（完成写真は一部殻付きです）。

材料（4人前）
- 大エビ ………………… 4尾
- 塩 ……………………… 適宜
- A ＜ネギ油の材料＞
- ニンニク ……………… 1片
- オリーブオイル …… 大さじ2
- 鷹の爪 ………………… 1本
- 長ネギ ……… 長さ12cmほど

調理時間 15分
焼き時間 10分　鉄板　網

手順＆コツ

1 エビの塩焼きです
基本的にエビは殻付きを塩焼きにしますが、手間と時間を惜しまぬ方は、塩を振ったあとに少し休ませましょう。風味が一段と増します

↘ 焼き方のコツへ

2 まずはイタリアンです
冷たいフライパンに、刻んだニンニクとオリーブオイルを入れたら加熱します。ニンニクの香りがしたら鷹の爪を入れましょう

3 これでネギ油になる
香り高いオリーブオイルに、今度はネギも加えます。少し炒めてネギがしんなりしたら完成です。むいたエビにかけて食べてください

Arrange Menu 41

焼き時間 20分 / 網

イカの鉄砲焼き

イカを丸ごと食べ尽くす！
味噌とミソの合体がおいしさの秘密！ ナンチャッテ。
いきなり駄洒落ですみません。これは漁師さんの
調理方法です。下ごしらえに少し手間がかかりますが、
試す価値はありますよ。

080

調理時間 25分

作り方

1 ネギを小口切りにします。太いネギは、縦に切れ目を入れてから小口切りです。次にイカのワタを抜きます。腹に人さし指を入れて、ワタのつなぎ目を引っかけながら引き抜きましょう。軟骨も取り除き胴の中も洗います。ワタは1杯分を取り置いてください（イカのさばき方は、153ページを参照にしてください）。

2 器に1のネギと分量の味噌、ショウガ、日本酒、イカワタ1杯分を入れたら、よく混ぜて2等分にします。これをイカの胴に詰めます。7分目まで詰めて、胴の端を楊枝でとめたら焼きましょう。

3 イカが膨らんで、完全に火が通ったらできあがり。食べやすくナイフを入れて皿に盛ります。

材料（4人前）

- 長ネギ 2本
- 生イカ 2杯
- 味噌 大さじ山盛り1
- おろしショウガ 小さじ1
- 日本酒 大さじ1

焼き方のコツ

イカは焼けると縮みます。また、お腹に詰めたミソは蒸気を出すので、腹7分目に詰めて弱火でジックリです。

手順&コツ

1 ミソと味噌の合体です 
細かく切ったネギと味噌とミソ、ショウガと日本酒を合わせます。味噌が重くて混ぜにくいときは、日本酒を増やすとよいでしょう

2 腹7分目が肝心です 
キレイにしたイカの胴に、ワタ入り味噌を戻します。パンパンに詰めると吹き出すこともありますよ。腹7分目です

3 アミに酢を塗ってから焼く 
加熱した網に酢を塗り、焦げ付き防止です。弱火キープでジックリ中まで火を通してください。パンパンに膨らんだら食べごろです

↪ 焼き方のコツへ

Arrange Menu 42

カキのチーズ焼き

味付けなしのお気楽カキ料理は、超ド級の料理ベタでも失敗しない料理です。カキは完全に火が通らない場合を考えると生食用を。完全に加熱する自信のある人は加熱用を。加熱用カキは味が濃いのでオススメです。

焼き時間 15分 / 網

材料（4人前）

- カキ …… 1パック（約200g）
- 塩 …………………………… 適宜
- タマネギ …………… 大1個
- オリーブオイル ………… 適宜
- トマトソース缶詰
  　　　　　　 1缶（約250g）
- ピザ用チーズ ……… 約200g
- パセリ …………………… 適宜

作り方

1 カキを塩で洗います。ひとつかみの塩を振り混ぜたら、流水でよく洗ってください。タマネギは2つ割りにして半月形に薄くスライスします。

2 フライパンに1のタマネギを敷き詰めたら、その上にカキを重ならないように置きましょう。

3 カキの上からオリーブオイルを回しかけ、トマトソース、チーズの順にのせたら、

4 あとは火にかけるだけです。トマトソースが沸騰し、チーズが溶けたら刻みパセリを振り完成です。持っていたらトーチバーナーで焼き色を付けましょう。

手順＆コツ

1 タマネギとカキを敷く

薄切りにしたタマネギを敷いたら、カキを重ねないように置きます。タマネギは材料表より増やしても大丈夫です。カキが足りないときにどうぞ！

焼き方のコツ

フライパンなどに入れて焼きますから中火がちょうどよいでしょう。トーチバーナーで仕上げに焼き色を付ければ完ぺき。

↘ 焼き方のコツへ

4 チーズが溶けたら

仕上げ段階で、刻んだパセリで彩りと栄養バランスをとります。トーチバーナーで焼き色を付けると、より香ばしい風味に仕上がります

3 トマトソースとチーズ

カキの上にトマトソースをのせ、ピザ用チーズものせてください。トマトソースを自作すれば、よりおいしい料理になりますよ

2 オリーブオイルをかけます

次にオリーブオイルをかけます。かなり思い切りたくさんかけても大丈夫！なるべくバージンオリーブオイルを使ってください

調理時間 20分

Arrange Menu 43

カキのパセリバター焼き

濃厚なカキの風味が、口いっぱいに広がる幸せは、材料を刻む手間を忘れさせるでしょう。パセリバターはパンに塗って食べてもおいしいので、多めに作るとよいでしょう。軽く炙ったフランスパンと白ワインがあれば最高です！

材料（4人前）

- 殻付きカキ ……………… 8個
- A ＜パセリバターの材料＞
- パセリ …………………… 1束
- ニンニク ………………… 2片
- タマネギ ……………… 1/2個
- バター ………………… 40g

調理時間 **20分**
焼き時間 **10分** / 網

作り方

1 カキを殻から外し、フタになる部分は除きます。方法を知らない人は、買うときに聞いてください。

2 Aのパセリバター作りです。パセリ、ニンニク、タマネギをみじん切りにして、バターと混ぜましょう。少しバターを温めると簡単です。

3 カキを片殻に戻し、ニンニクなどを混ぜ合わせたパセリバターを8等分にして、カキに塗ります。

4 焼き網の上にカキを殻にのせたまま置き、焼きます。アルミホイルのカバーをしてください。バターが溶けて良い香りが立ったら食べごろです。

手順＆コツ

1 材料を刻みます

パセリはタップリと使いましょう。ニンニクとタマネギはすりおろしても構いません。少し多めに作ると便利なバターですよ

084

焼き方のコツ

殻を器にして焼きますから、強火だと貝殻が破裂します。中火にしてアルミホイルのカバーをかぶせるとよいでしょう。

↑ 焼き方のコツへ

4 アルミホイルのカバー
アルミホイルでフタをすると、短時間で焼き上がります。時間があれば、アルミホイルなしで目でも楽しんで焼いてください。バーベキューの醍醐味です！

3 パセリバターをテンコ盛り
パセリバターをカキの上に盛り付けます。あまり盛りすぎても溶けるとこぼれてしまうので、ほどほどにしてください。モッタイナイから……

2 カキを殻から外す
カキの合わせ目には、殻を外すポイントがあります。そこに専用具やマイナスドライバーなどを差し込み外します。ナイフは折れるので使用禁止

Arrange Menu 44

焼き時間 **10分** / 網

ホタテの ネギ味噌 焼き

刺身でもうまい新鮮なホタテは、焼きすぎないことが肝心です。ホタテがレア状態でもミソの香りが立ってきたら食べごろですよ。また、最初に貝柱を刻んでから焼くので、とてもつまみやすいと思います。やはりここは熱燗ですね〜。

086

調理時間 **20分**

材料（4人前）

- 殻付きホタテ …………… 4個
- A ＜味噌ダレの材料＞
- 万能ネギ …………… 1/2束
- 味噌 …………… 大さじ2
- 日本酒 …………… 大さじ2
- 砂糖 …………… 大さじ1

作り方

1 万能ネギを小口切りにして、分量の半分を適当な器に入れます。そこへ分量の味噌、日本酒、砂糖を加えて、よく混ぜればAの味噌ダレの準備は終わりです。残りのネギは仕上げに使うので、残しておきましょう。

2 ホタテ貝にナイフを入れて口を開き、貝柱を貝殻から外して食べやすく刻み、味噌ダレと合わせます。

3 味噌ダレと合わせた貝柱を殻に戻し、刻んだネギをドッサリのせたら、火の上に置いて焼き始めましょう。味噌ダレが良い香りを立ち上げ、貝柱にも程よく火が通ったら食べごろです。味噌ダレを絡めて召し上がれ。

焼き方のコツ

貝殻を器に使いますから中火が適しています。焼きながら食べる場合は弱火。アルミホイルのカバーは使いません。

087

手順＆コツ

1 味噌ダレ作り
味噌には後で火が入るので、ここでは混ぜるだけで大丈夫です。ネギは分量の半分を味噌ダレに使います。残りは取り置いてください

2 味噌と貝柱を殻に戻す
食べやすく切り分けた貝柱を貝殻に戻します。このとき、味噌ダレと貝柱と合わせておきましょう。かなりの大盛りになるはずです

3 中火で焼きます ← 焼き方のコツへ
火が強いと貝殻が割れることもあるので、中火以下で焼いてください。写真は貝柱を見せるためネギは少なめですが、ドッサリのせましょう

Arrange Menu 45

マリネでうまい串焼きです！

傷みやすい魚介類も、オイルやワインに漬けておけば傷みも少なく、サマーキャンプでも安心感が増します。もちろんクーラー保存が原則ですが。マリネ液にはお気に入りのハーブをドンドン加えてください。

網
焼き時間 5～10分

作り方

1. 魚介類は食べやすい大きさに切っておきます。野菜類も大きなモノは串に刺しやすく、食べやすい大きさに切り分けましょう。

2. 1の材料をすべて適当な器に入れたら、Aのマリネ液の材料（パセリはみじん切り）を別の器に合わせ、一度味見をして塩コショウで味を調え、材料と合わせます。

3. 魚介類と野菜をマリネ液に漬けたら、1時間ほど寝かせましょう。時間がきたら、焼き時間をそろえるように串に刺し、弱火の網焼きで焼き上げます。網に酢を塗り、焦げ付き防止もお忘れなく！

材料（4人前）

- サケ ……………… 2切れ
- ホタテ …………… 4個
- エビ ……………… 4尾
- 芽キャベツ ……… 4個
- タマネギ ………… 1個
- トマト …………… 小4個
- ピーマン ………… 2個
- 塩 ………………… 少々
- コショウ ………… 少々

※魚介類と野菜はお好みでどうぞ

A＜マリネ液の材料＞
- レモン汁 ………… 大さじ3
- コンソメ（顆粒）
  …………………… 小さじ1
- 白ワイン ………… 1/2カップ
- ニンニク ………… 1片
- パセリ …………… 大さじ3
- オリーブオイル … 大さじ2
- 塩 ………………… 小さじ1
- コショウ ………… 少々

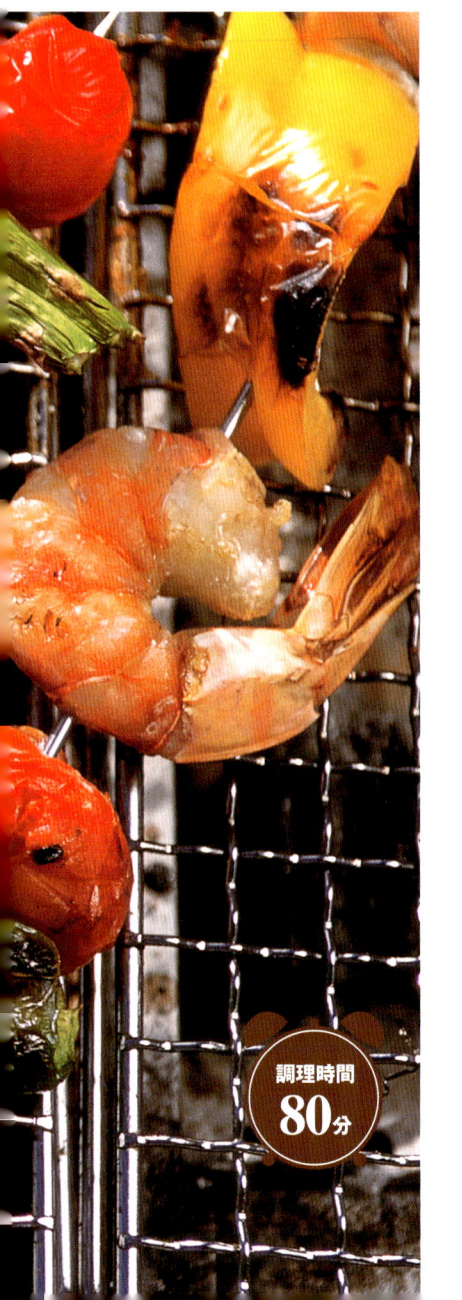

調理時間 **80分**

手順 & コツ

1 マリネ液を作ろう

今回あげた材料のほかにも、好みのハーブを加えてください。また、1時間漬け込みますが、時間のない場合は塗りながら焼きます

2 焼き時間をそろえる

串焼きは材料に火が通る時間が違うと、焼き方がとても難しくなります。彩りよりも、加熱時間をそろえるように刺しましょう

← 焼き方のコツへ

焼き方のコツ

焼き時間の違う材料を同じ串に刺してしまうと、焼き方が難しい料理です。できるだけ焼き時間の近い材料を同じ串に刺しましょう。

Arrange Menu 46

焼き時間 5分 | 鉄板 | 網

焼きイモ餅のみぞれ和え

懐かしい味がするイモ餅を焼き、ハムやエビを炒めた大根おろしでいただきます。ゴマ油も使うので無国籍料理風ですが、ホッとする味になるのは、イモ餅が北海道の郷土料理だからでしょうか？

焼き方のコツ

イモ餅は両面こんがり焼きましょう。弱火でジックリが適しています。大根おろしは強火で手早くが基本です。

調理時間 30分

作り方

1 ジャガイモの皮をむき、適当に切り分けたら、水からゆでます（沸騰してから約20分、串などがスッと通ればOK）この間に大根をすりおろしてください。

2 ゆで上がったジャガイモを細かくつぶして、イモと体積で同量の片栗粉と合わせます。これをかまぼこ状にまとめたら切り分け、弱火の網で焼きましょう。

3 この間に、鉄板を加熱してゴマ油を入れ、刻んだハムとネギ、干しエビと大根おろしを炒めます。砂糖、塩、しょう油で味を調えたら、焼けたイモ餅を絡めて食べてください。

手順＆コツ

1 イモと片栗粉の合体

イモと片栗粉は1対1が基本ですが、片栗粉を減らすとイモの味が強くなり、増やすと軟らかくなります。よく混ぜてください

材料（4人前）

- ジャガイモ……… 小4個
- 大根 ……………… 1/3本
- 片栗粉…ジャガイモと同分量
- ゴマ油 …………… 適量
- ハム ……………… 30g
- 白ネギ …………… 1本
  （万能ネギ2〜3本でも可）
- 干しエビ ………… 10g
- 砂糖 ……………… 小さじ1
- 塩 ………………… 小さじ1/2
- しょう油 ………… 大さじ2

091

4 絡めて食べよう!
大根おろしなどに和えたら、スグに口に運んでください。時間を置くとせっかくの食感が台無しです。味付けもお忘れなく!

3 同時進行で時間短縮
写真のようにイモ餅を焼きながら、大根おろしなどを炒めると時間が大幅に短縮できます。イモは弱火。大根おろしなどは強火です

焼き方のコツへ

2 かまぼこ状にまとめます
このようにまとめてから切り分けましょう。1cmくらいの厚さに切ると、焼きやすいと思います。同じ方法でカボチャもいけます

Arrange Menu 47

焼きウニ

かつてウニが捕れる地方の子どもは、ウニを殻ごと焚き火に入れて焼き、おやつにしていたそうです。今回はアルミホイルで焼きましたが、殻に詰めれば最高です。

材料（1人前）
- ウニ　　　　適宜
- しょう油　　　適宜
- ※お好みでワサビをどうぞ

作り方

1 今回はウニの殻が入手できなかったので、アルミホイルで船を造り、ウニをのせました。コレを中火の焼き網にのせて焼くだけです。

2 程よくウニに火が通ったら、上側をトーチバーナーで炙りましょう。仕上げにしょう油をひと垂れ。つまみにはワサビしょう油もいいですね。

手順＆コツ

1 焼き台にのせる
本当はアルミホイルの船ではなく、殻に詰めたかったのです。今回はわがチームのスタッフが船を造ってくれました

2 ウニを焼く
生がおいしいことは知っています。でも焼きウニも格別なんです。少し鮮度が落ちた特売品もおいしくなりますよ

調理時間 10分
焼き時間 5〜8分　網

092

パーティー

Party Menu Recipe

ドーンとボリュームのある料理や、材料を用意すれば調理担当は見ているだけの便利料理など、大勢で楽しむのに最適な料理を紹介しています。ここにある料理なら大勢のバーベキュー・パーティーでも自信をもって臨めますよ。

Party Menu 48

シュハスコ

塩を揉み込んだ牛肉を強火で焼いて、焼けたところを削ぎ落として食べます。原始的な調理方法ですが、肉のうまみを存分に味わえるのです。このブラジル焼き肉料理には岩塩を使います。

焼き時間：随時好みで
網

焼き方のコツ
大きなブロック肉に串を打って強火で焼きます。串は斜めに数本打つと、肉が扱いやすくなります。

調理時間 30分

作り方

1 まずは肉にかける野菜ソースの準備です。Aの分量のトマト、タマネギ、ピーマンをすべてコッパみじん切りにして、適当な器に入れます。そこにワインビネガーとオリーブオイルをドボドボと注ぎ、しばらく休ませましょう。ワインビネガーとオリーブオイルの量は、好みで加減してください。また、塩を使う場合もありますが、これもお好みで！

2 岩塩を砕き、肉に揉み込みます。少し多いかな？と思うくらいの量を、ガシガシと肉全体に揉み込みましょう。

3 金串を数本、左右から斜めに打ち込んだら、強火で焼きます。焼けたところをお皿に切り落とし、「モウリョ」と呼ばれる野菜ソースをかけて食べてください。

手順＆コツ

1 岩塩を砕いて使う
砕いた岩塩を揉み込みます。ミネラル豊富な岩塩ですから、少し濃い塩加減でも大丈夫です。できるだけ岩塩を使用してください。

材料（4人前）
- 牛肉ブロック ………… 1kg
- 岩塩 ……………………… 適宜
- A＜モウリョの材料＞
- トマト …………………… 2個
- タマネギ ………………… 1個
- ピーマン ………………… 2個
- ワインビネガー ……… 80cc
- オリーブオイル ……… 50cc

094

> ➔ 焼き方のコツへ

4 続きは塩水を塗る
切って現れた肉の内部には塩が達していないので、濃いめの塩水をハケで塗り、再び火の上にかけて焼き続けます

3 強火で焼く
写真のように、金串を斜めに刺すと簡単に焼くことができます。お試しください。焼けたところからお皿に切り落としていきます

2 野菜ソースを作る
野菜を細かく切り、ワインビネガーとオリーブオイルをかけるだけ！「モウリョ」と呼ばれる野菜ソースの完成です

Party Menu 49

タンドリーチキンだっ手羽

3時間以上漬け込んでから焼きましょう。肉の軟らかさには本当に驚くと思います。傷みの早い鶏肉も、これで保存がよくなるから、キャンプ出発前夜に仕込んでおいても大丈夫です。インド風チキンはいかがですか？

焼き時間 **10分**　網

調理時間 **200分以上**

096

焼き方のコツ

漬け込みソースは焦げやすいので、弱火キープが原則です。また、できるだけ余分なソースは取って焼きましょう。

材料（4人前）

- 鶏手羽先 ……………… 8本
- A＜インド風ソースの材料＞
- セロリ ………………… 1本
- タマネギ …………… 1/2個
- おろしニンニク …… 小さじ1/2
- おろしショウガ …… 小さじ1/2
- レモン汁 …………… 1/2個分
- プレーンヨーグルト
   ………………………… 1/2カップ
- カレー粉 …………… 小さじ2
- 塩 ………… 小さじ1と1/2
- コショウ ……………… 適宜

作り方

1 ソースを染み込みやすくするために、フォークなどで、手羽先にプツプツと穴を開け、濃いめに塩コショウしておきます。

2 適当な器にセロリとタマネギをすりおろし、ほかのAの材料と混ぜ合わせたら、濃いめの塩加減にして（味見をして！）、手羽先を入れてヨク絡めて漬け込みます。

3 3時間以上漬け込んだら、焼き網を充分に熱してからおき火で焼きましょう。余分なソースは取ってください。キレイな焼き色が付いたら焼き上がりです。

手順&コツ

1 味を染み込ませる 
濃いめに塩コショウをしてから、味を染み込みやすくするため、フォークで手羽の両面にプツプツ穴を開けておきます

2 3時間以上漬ける 
このように手羽を漬け込みます。その前にソースの味見をして、濃いめの塩加減にしてください。漬け込みはクーラーボックスを利用します

3 弱火キープで焼く 
ソースがとても焦げやすいので、余分なソースをキレイに取ってから焼きましょう。もちろん弱火キープでお願いします

ア 焼き方のコツへ

Party Menu 50

サテはアジアの焼き鳥です

東南アジアで焼き鳥といえば、このサテですね。2種類のソースを作りますから、少し面倒に感じるかもしれません。ひとつは漬け込みダレ。もうひとつはサンバルソース野外風です。少し甘めの焼き鳥です。

作り方

1 まずは漬けダレを作ります。材料表のAをすべて合わせておきます。これに、串に刺しやすい大きさに切ったもも肉を、20分ほど漬けておきましょう。

2 この間に、Bのサンバルソースを作ります。フライパンか鍋にオリーブオイルを入れたら加熱して、豆板醤、おろしニンニク、タマネギを入れて炒めます。次にザク切りしたミニトマトを加え、トロミが出るまで煮つめます。最後に塩とコンソメを入れてできあがり。

3 漬けダレから出した鶏もも肉を串刺ししたら、弱火の網で焼き上げてください。盛り付けたあと、サンバルソースをかけて完成です。

焼き方のコツ
漬けダレにつけた肉はとても焦げやすいので、余分なタレは充分取ってから弱火キープで焼き上げてください。

調理時間 **60分**
焼き時間 **10分** / 網

材料（4人前）

- 鶏もも肉 ……………… 2枚
- A ＜漬けダレの材料＞
- おろしタマネギ …… 1/4個分
- おろしニンニク …… 1片分
- おろしショウガ ……… 10g
- 砂糖 ……………… 大さじ2
- しょう油 ………… 1/2カップ
- B ＜サンバルソースの材料＞
- オリーブオイル …… 大さじ2
- 豆板醤 …………… 大さじ2
- おろしニンニク …… 3片分
- おろしタマネギ …… 1/6個分
- ミニトマト ……………… 6個
- 塩 ………………… 小さじ1
- コンソメ（顆粒） …… 小さじ1

手順&コツ

1 サンバルソース 
フライパンか鍋を用意して、そこにソースの材料を入れて煮つめてください。コンソメはカツオだしでも代用可です

2 もも肉の漬け込み 
写真は先に串刺しにしてから漬け込んでいますね……。この方が手が汚れないでいいかも？ 30分くらい漬けます

3 タレを取って
漬け込みが終わったら弱火で焼きます。余分な漬け込みダレを取ってから焼くと、焦げ付きが少なくなりますよ。竹串は水に濡らしてコゲ防止

↓ 焼き方のコツへ

Party Menu 51

焼き時間 5-8分 / 網

ピリリと辛い焼き鳥

焼き鳥は塩焼きが一番だと思います。
しかし、いつも同じ味では飽きてしまうのが人間です。
そこで、少しピリッと辛い韓国風?
のタレで焼いてみませんか。
辛さのもとはコチュジャンですから、
好みの量で辛さも調節できるのです。
お子さんにも対応できるピリカラ焼きです。

100

調理時間 15分

材料（4人前）

- 焼き鳥 ……………… 8本
- A＜ピリ辛ダレの材料＞
- おろしショウガ …… 約3cm
- みりん ……………… 大さじ3
- コチュジャン ……… 大さじ3
- しょう油 …………… 大さじ6

作り方

1　タレ作りがすべてですから、気合いを入れて作って下さい。Aの材料をすべて混ぜたら、火にかけて手早くかき混ぜながら煮立たせましょう。これでタレの味がまろやかになります。

2　焼き網を熱したら、お酢を塗ってから焼き鳥を焼きます。焼き鳥が焼けたら、ハケでタレを塗り、軽く炙ってできあがりです。熱いウチに食べてください。今回は串刺しの焼き鳥を前提に書きましたが、自分で串打ちしても同じです。また、串は水に濡らして焼くと焦げにくくなります。

手順 & コツ

1 焼き鳥を焼く 
強火で表面を焼いたら弱火に移し、中まで火を入れるのが基本です。効率よく調理できるように、グリルに強火と弱火の場所を作りましょう

2 ピリ辛ダレを塗る 
コチュジャンは韓国の甘辛ミソ。その辛みはとても口当たりがよいのです。基本は焼き上がりに1度塗りですが、何度か重ね塗りもいいでしょう

← 焼き方のコツへ

焼き方のコツ

焼き鳥に火が通ってからタレをつけて焼くので、焼きにそれほど神経を使う必要はありません。強火→弱火です。

Party Menu ㊾

ナヌと豆カレー

ナヌはナンをモチーフにした代用食で、私のオリジナルです。インチキ臭いネーミングですが、味には自信があります。
ナヌはビニール袋を使って作るので、手もあまり汚れませんよ。

材料（4人前）

<ナヌの材料>
- 小麦粉（薄力粉）……… 100g
- 小麦粉（強力粉）……… 400g
- ベーキングパウダー …… 10g
- 砂糖 ……………………… 小さじ1
- 塩 ………………………… 小さじ1
- 水 ………………………… 300cc

<カレーの材料>
- 鶏もも肉 ………………… 2枚
- タマネギ ………………… 1個
- ベーコン ………………… 130g
- トマト …………………… 1個
- ピーマン ………………… 2個
- オリーブオイル ………… 大さじ1
- おろしニンニク ………… 小さじ1
- おろしショウガ ………… 小さじ1
- 大豆の水煮缶詰(小) …… 2缶
- 白ワイン ………………… 2カップ
- 固形コンソメ …………… 1個
- チリパウダー …………… 小さじ1/2
- カレー粉 ………………… 大さじ1
- 砂糖 ……………………… 小さじ1
- 塩 ………………………… 適宜
- コショウ ………………… 適宜

作り方

1 ビニール袋にナヌの材料（水を除く）を入れて混ぜます。そこに水を少しずつ加え、まとまるまで練りましょう。ここで寝かせます。

2 カレーの準備です。鶏肉はひと口大に。タマネギは半月切り。ベーコンとトマト、ピーマンも1cmくらいに切り分けておきます。

3 鍋を加熱し、オリーブオイルでベーコンを炒めてください。

4 再びナヌ。手にうち粉を付けて、ナヌをゴルフボール大に分け、手のひらで丸く伸ばします。鉄板に油を敷かず、弱火でふっくら焼き上げればできあがり。カレーをつけて食べます。次に鶏肉を加え、きつね色に焼きましょう。一度鶏肉を取り出し、タマネギとおろしニンニク、おろしショウガを炒めます。鶏肉を鍋に戻し、残りの材料（ピーマン、塩コショウは除く）を加えます。15分ほど煮込んだら、ピーマンを加え、塩コショウで味を調えてできあがり。

鉄板
焼き時間 5分

調理時間 30分

手順&コツ

1 ナヌは袋でまとめます 
写真のように、ナヌの材料をビニール袋に入れてまとめてしまえば、手を汚さずに済みます。少し力のいる男の仕事です

2 グリルで同時進行！ 
このように大きなグリルなら、カレーとナヌを同時に調理できますね。ナヌを焼くときは油を使わずに焼きましょう。弱火でふっくらと焼きます

← 焼き方のコツへ

焼き方のコツ

ここで焼くのはナヌだけですが、弱火の鉄板で焼くだけですが、ナヌは鍋のフタなどを利用して薄く伸ばすとうまく焼けます。油は使いません。

102

103

Party Menu ❺❸

カキ入りチヂミもどき

日本のお好み焼きに似ている韓国のチヂミ。アウトドアレストランでは、似ているチヂミもどきを作ります。とてもヘルシーで、栄養バランスの良さは本家にも負けていません。ボリュームのあるおつまみにオススメします。

材料（4人前）

- 小麦粉（強力粉） …… 2カップ
- 卵 …………………… 2個
- 豆乳（牛乳可） …… 1カップ
- 水 …………………… 1/2カップ
- カキ ………………… 180g
- 白菜キムチ ………… 160g
- 万能ネギ …………… 1束
- ゴマ油 ……………… 大さじ1

A ＜タレの材料＞
- コチュジャン ……… 大さじ1
- ゴマ油 ……………… 小さじ1
- しょう油 …………… 大さじ1/2
- 水 …………………… 大さじ1

調理時間 40分

焼き方のコツ

弱火の鉄板で焼きます。生地はできるだけ薄くしてください。また、裏返したあと、生地が固まるまで押さえてはいけません。

104

作り方

1 小麦粉を卵と豆乳、水を混ぜ合わせた液で溶きましょう。よく混ぜます。この間に、Aの材料を合わせてタレを作っておきましょう。混ぜた生地を30分ほど寝かせます。

2 カキは塩水で洗ってから水気を切ります。白菜キムチは細切りに、万能ネギは3～4cmの長さに切ります。これらを寝かせた生地に合わせ、ゴマ油を敷いた鉄板に流し入れて焼きます。

3 焼き色が付いたら、裏返して両面焼きましょう。生地はできるだけ薄く伸ばすと、サックリおいしく仕上がります。器にとり、タレを添えればできあがり！

焼き時間 5分　鉄板

→ 焼き方のコツへ

手順＆コツ

1 生地を作ります
小麦粉（強力粉）に卵と豆乳（牛乳可）、水を加えて生地を作ります。30分ほど寝かせると、薄くキレイに伸びてくれます

2 材料の切り分け
今回あげたもの以外にも、好みの材料を加えてください。また、ピザのように生地にのせて焼くのも楽しいでしょう

3 弱火で焼きます
できるだけ薄く生地を伸ばして焼きましょう。焦げ目が付き、裏返すまでは押さえてはいけません。じっと我慢してくださいね

105

Party Menu 54

和風タコスはお好みスタイル

メキシコ料理のタコス。日本ではトウモロコシの粉が入手しにくく、タコシェルを作るのが難しい現状です。そこでタコシェルの代わりに、お好み焼きの生地を使ってみました。同じフィリングでタコライスもできます。

材料（4人前）

- トマト ……………… 1個
- レタス ……………… 4枚
- チーズ ……………… 100g

＜生地＞
- 小麦粉（薄力粉）…… 200g
- 小麦粉（強力粉）…… 200g
- 塩 …………… 小さじ1/2
- 水 …… 1.5カップ（300cc）

＜牛肉フィリング＞
- オリーブオイル …… 大さじ2
- ニンニクのみじん切り
  　　　　　　　　1片分
- タマネギのみじん切り
  　　　　　　　　1/2個分
- 牛ひき肉 …………… 150g
- トマトジュース …… 1カップ
- チリパウダー …… 大さじ1
- コンソメ（顆粒）
  　　　　　　　 小さじ1
- 塩 …………………… 少々

作り方

1 小麦粉（薄力粉と強力粉）と塩を混ぜ、水を加えて混ぜましょう。お好み焼きと同じくらいになったら30分ほど寝かせます。

2 フィリング作りです。鉄板にオリーブオイルを熱し、刻んだニンニク、タマネギ、牛ひき肉の順に炒めたら、残りの材料も加えて水気を飛ばします。

3 鉄板で1の生地をオリーブオイルで焼いたら、フィリングをのせ、刻んだトマトとレタス、チーズものせて食べましょう。

手順＆コツ

1 生地を焼く
クレープより厚く、お好み焼きより薄く焼いてください。生地に牛乳を少し混ぜると薄く伸びるようです。

焼き時間 5分　鉄板　調理時間 45分

106

麺&ごはん

バーベキューばかりで飽きてしまったらこちらへどうぞ！
もちろん「シメ」の料理は炭水化物と決めた貴方ならここから見てほしいくらいです。
しかし、炭水化物は糖と同じくらい太るらしい……。困った炭水化物男です、わたし。

Nodle & Rice Menu Recipe

Noodle & Rice Menu 55

イカ焼きそば塩味

焼き時間 15分 / 鉄板

塩味ブームのようで、あらゆるところに塩味料理があふれています。このイカ焼きそばは塩味の良いところと、イカワタのコクを合わせた一品です。
残り野菜を使い切るにも良いメニューですよ。

調理時間 20分

108

焼き方のコツ

焼きそばにイカワタを少し使うところが肝心です。ワタ嫌いの人がいても隠れて使ってください。後悔はさせません。

材料（4人前）

- イカ ……………… 1杯
- キャベツ ………… 1/2個
- タマネギ ………… 1個
- ゴマ油 …………… 適宜
- 塩 ………………… 適宜
- コショウ ………… 適宜
- 塩焼きそば ……… 4玉
- 日本酒 …………… 大さじ1
- しょう油 ………… 適宜

作り方

1 イカをさばき、ワタは残しておきます（イカのさばき方は、153ページ参照）。キレイに洗い、食べやすい大きさに切っておきましょう。キャベツとタマネギも食べやすい大きさに切り分けてください。

2 鉄板を中火で加熱したらゴマ油を敷き、切ったキャベツとタマネギを炒めます。さらにイカを加え、軽く塩コショウで下味を付けます。

3 そこへ麺を入れて焼き、ワタ（大さじ1）も入れます。ほぐしながら日本酒を加え、焼きそばに添付の調味料で味を調えます。水気が飛んだら、しょう油を少し加えて香り付けしてできあがりです。

手順&コツ

1 野菜とイカを炒める 
鉄板にゴマ油を熱したら、野菜を炒めます。あれば、おろしショウガとニンニクも炒めます。野菜がしんなりしたらイカも炒めましょう

2 お酒で蒸し焼きにする 
麺を入れたら日本酒も投入です。香りと味が断然違います。ビールでも代用できますが、水分がなくなるまで炒めましょう

3 イカワタを入れます 
これでコクが断然違ってくるはずです。少量ですから、嫌いな人にも無断で入れてください。必ずしょう油を少し垂らして香りを付けましょう

→ 焼き方のコツへ

Noodle & Rice Menu 56

ウニうどんの カルボナーラ

焼きうどんはバーベキューの定番ですが、ここではパスタ風のカルボナーラ仕立てにしてみました。ウニを使っていますがこれはお好みです。冷めてもおいしいので春秋のキャンプにはうってつけのメニューです。

110

作り方

1. 適当なボウルにAのカルボナーラソースの材料を合わせます。よくかき混ぜておきましょう。

2. 鉄板におろしニンニクとオリーブオイルを中火で加熱します。ニンニクの香りが立ったら、うどんを焼いてください。うどんにニンニク風味が付き、よく焼けたら鉄板ごと火から下ろしましょう。

3. 鉄板とうどんが熱いうちにソースを絡め、よく混ぜたら完成です。塩コショウで味を調えてください。

調理時間 15分

焼き時間 5〜7分 / 鉄板

焼き方のコツ
うどんを焼いたら、カルボナーラソースに合わせるだけです。このとき絶対に加熱してはいけませんよ。

材料（4人前）

- おろしニンニク ………… 小さじ1
- オリーブオイル ………… 大さじ2
- ゆでうどん ………………… 4玉
- 塩 …………………………… 適量
- コショウ …………………… 適量

A＜カルボナーラソースの材料＞
- 生ウニ ……………………… 80g
- 卵 …………………………… 4個
- 生クリーム ……………… 100g
- パルメザンチーズ ………… 50g
- パセリみじん切り ……… 1枝分

手順&コツ

1 ソースを作ります 
ソースの材料を合わせるだけの簡単調理です。寒くて気温が低い場合は、少しだけ温めておけば、熱々のうどんに合います

2 ニンニク風味で焼く 
うどんはニンニクとオリーブオイルで焼きます。下味は付けませんが、好みで軽く塩コショウをしてもよいでしょう

3 火から下ろして
カルボナーラソースをうどんに絡めるときは、必ず鉄板ごと火から下ろしてください。ここで加熱すると固まってしまい失敗します

▶ 焼き方のコツへ

Noodle & Rice Menu 57

鉄板パエリア

スペインの男の代表料理がパエリアです。ここでは豪快に鉄板で作ってみました。パエリアには浅く広い鉄板が都合よいのです。専用の鉄板を購入する前に試してみませんか？

焼き時間 50分　鉄板

材料（4人前）

- サフラン ………… ひとつまみ
- 水 ………………… 2カップ
- ハマグリ ………………… 8個
- アサリ …………………… 16個
- ホタテの貝柱やムール貝など
  　　　　　　　　　　　　適宜
- イカ ……………………… 1杯
- 大エビ …………………… 4尾
- 鶏もも肉 ……………… 200g
- ピーマン ………………… 1個
- トマト …………………… 1個
- タマネギ ………………… 1個
- オリーブオイル …… 大さじ3
- 米（無洗米が便利） …… 2合
- 白ワイン …………… 1カップ
- コショウ ………………… 適宜
- タイム（あれば） ……… 少々
- 塩 ………………………… 適宜
- 粗挽きソーセージ
  （チョリソー） ……… 1パック

作り方

1 サフランを100ccの水につけます。貝類は砂抜きして洗い、イカはさばいて輪切りです（さばき方は、153ページ参照）。鶏肉はぶつ切り、ピーマン、トマトはサイの目に切り、タマネギはみじん切りです。

2 鉄板に大さじ1のオリーブオイルを熱して、鶏肉に焦げ目を付けて取り出したら、トマト、ピーマン、タマネギも炒めて取り出してください。

3 鉄板にオリーブオイル大さじ2を入れて熱し、米を炒めます（米は無洗米が便利）。そこに白ワイン、炒めた鶏肉、トマト、ピーマン、タマネギ、つけ汁ごとのサフラン、スパイス類、水を入れて、塩で薄めに味付けしたら混ぜ、ほかの具材を形よくのせます。水が不足してきたら足してください。米が煮え、貝が口を開けばできあがり。

手順＆コツ

1 下準備をする

加熱が始まると一気に仕事が忙しくなります。すべての材料は下ごしらえしておきましょう。サフランもお忘れなく！

焼き方のコツ

パエリアはごはん料理ですが、米を炊くという概念ではダメです。米を蒸し焼きにするのですから差し水もあります。

調理時間
60分

焼き方のコツへ

5 キレイに飾りましょう
ソーセージやエビ、イカなどはキレイに飾り、パエリアの華やかさを演出しましょう。具材は好みで変えても大丈夫です

4 米と肉野菜を炒める
飾りになる具材を除き、米と一度炒めてなじませ、味も付けてしまいます。少し薄めの塩加減が適しているでしょう

3 サフランで色を付ける
この鮮やかな黄色がパエリアの象徴でしょう。少し高価なサフランですが、ゼヒ使ってください。事前に水につけて色を出します

2 鶏肉と野菜は別々に
大きな鉄板ならこのように同時進行も可能ですが、炒める時間が違うので、鶏肉と野菜は分けて炒めてください

Noodle & Rice Menu 58

焼きおにぎりのイタリアンあんかけ

焼きおにぎりにキノコあんをかけて食べます。オリーブオイルやニンニクなど、イタリアンの基本材料を使っているので、イタリアンあんかけなんです。軽い食事にも最適ですし、飲んだあとにも歓迎される一品です。

114

作り方

1 手に少し塩を振り、おにぎりを握ります。普通のおにぎりより固めに握りましょう。しっかり握ったら弱火で焼きます。弱火で時間をかけて、両面をパリッと仕上げてください。

2 鉄板（フライパン）にオリーブオイルと鷹の爪を入れ、刻んだニンニクを加えたら中火にかけます。ニンニクの香りがしたら、好みのキノコを炒め、バジルとコンソメも加えます。水1カップで溶いた片栗粉でとろみをつけたら、塩コショウで好みの味に調えてください。

3 焼きあがったおにぎりをお皿に盛り、キノコあんをかければ完成です。

材料（4人前）

- 塩 ………………………… 適宜
- ごはん ……… おにぎり4個分
- オリーブオイル …… 大さじ1/2
- ニンニク ………………… 1片
- 鷹の爪 ………………… 1/2本
- キノコ …………………… 適宜
- バジル ……………… 小さじ1/2
- コンソメ（顆粒）…… 小さじ1
- 水 ……………………… 1カップ
- 片栗粉 …………………… 適宜
- 塩 ………………………… 適宜
- コショウ ………………… 適宜

調理時間 20分

焼き時間 15分 | 鉄板 | 網

手順&コツ

1 トロミのあるアン

オリーブオイルとニンニク、鷹の爪を炒め、キノコ、バジル、コンソメの順番です。水溶き片栗粉でトロミ付けをしたら塩コショウします

2 焼きおにぎりを作る

焼きおにぎりはしょう油がとても合いますが、ここは塩味でお願いします。表面を乾かすように焦げ目を付けてください

← 焼き方のコツへ

焼き方のコツ

焼きおにぎりは普通のおにぎりより固く握ります。手に少し塩をふり固めに握り、弱火で乾かすように焼きましょう。

115

Noodle & Rice Menu 59

餅ピザ

お餅と材料をカットしたら、あとはみんなでトッピングするだけ！たくさん作って食事によし、子どもたちのおやつにも最高の一品です。トマトソースとマヨネーズの2種類作ってみました。好みで選択してください。もちろん欲張りさんは両方ですよね……。私と同じです。

材料（4人前）

- 餅 ……………………… 5〜6個
- サラミソーセージ ……… 適宜
- タマネギ ………………… 適宜
- ピーマン ………………… 適宜
- オリーブオイル ………… 適宜
- 市販のピザソース ……… 適宜
- マヨネーズ ……………… 適宜
- フレッシュバジルやルッコラ など ………………… 適宜
- ピザ用チーズ …………… 適宜

調理時間 15分
焼き時間 5〜8分　網

作り方

1 フライパンにアルミホイルを重ね、焼き型を作ります。アルミホイルが薄い場合は重ねてください。

2 お餅は5mmくらい、サラミは薄く、タマネギ、ピーマンは細かく切り分けます。

3 アルミホイルで作った焼き型に、薄くオリーブオイルを塗ります。そこにお餅が重ならないように、少し隙間を空けて並べましょう。

4 餅にピザソースかマヨネーズを塗り、切り分けた具材をトッピングしたら、バジルやルッコラを置き、ピザチーズを散らします。アルミホイルのフタをして、弱火で焼きましょう。チーズが溶けてお餅がふっくらしたらできあがり。

焼き方のコツ

フライパンで形どりしたアルミホイルを焼き形にして作ります。買えたら業務用の厚手のアルミホイルが最適です。

手順＆コツ

1 好みのソースを塗る
少し間隔を置いて並べたお餅に、マヨネーズとピザソースを塗ります。餅は隙間を作らないとうまく膨らまないので、詰め込んではいけません

2 好みの具材をのせる
今回の具材はシンプルにしましたが、好みでさまざまなモノをトッピングしてください。ウインナーや小エビなども合いますね

3 フタをして焼く
アルミホイルでフタを作り、できるだけ密閉させて焼くと時間短縮が可能です。焦らず弱火で焼きましょう。チーズをお忘れなく！

117

Noodle & Rice Menu 60

小さなパリパリピザ

ピザ生地を餃子の皮に代えて、小さなピザを作ってみました。材料の切り分けさえすれば、賄い役も休めます。子ども連れのキャンプに最適なオヤツピザです。

材料（4人前）

- タマネギ……………1個
- ピーマン……………1個
- サラミ………………適宜
- ツナ缶………………1缶
- 餃子の皮…1袋（約25枚）
- ピザソース…………適宜
- ピザ用チーズ………200g
※お好みで材料は適宜に

作り方

1. タマネギ、ピーマンはみじん切り、サラミは薄切り。ツナ缶は油を切っておきましょう。
2. 餃子の皮にピザソースを塗り、刻んだタマネギやピーマンなどの好みの具材（ミニトマトや甘いモノもイケマス！）をのせたら、ひとつまみチーズをのせます。
3. 弱火で加熱した鉄板で焼き（油は敷きません）、チーズが溶ければ完成です。

手順&コツ

1. **好きな具材をのせる**
ひと口サイズですから、好きな具材で味に変化をつけてください。ピザソースとチーズだけもオススメ

2. **弱火の鉄板で焼く**
鉄板を弱火で加熱したら焼きましょう。アルミホイルで鉄板を覆うと、焼き時間が短縮できます。

調理時間 10分
焼き時間 5分
鉄板

118

簡単

本当に簡単な調理方法なので、解説に困ったくらいです。なかには火力をまったく使わない料理もあります。バーベキューの箸休めとして紹介していますが、これだけでも充分酒のつまみになりますよ。忙しい貴女は家庭でどうぞ！

Simple Menu Recipe

Simple Menu ㉖

丸タマネギのアホ焼き

タマネギを丸ごと焼きます。ふざけたネーミングですが、ウイスキーなど強めの酒には最高のつまみになりますから、期待を込めて焼いてください。

材料（4人前）

- タマネギ ………… 1個
- クローブ ……… 5〜6粒
- 塩 ……………… タップリ

焼き時間 20分　炭火

手順＆コツ

1 クローブで香り付け
写真のように、ところどころクローブを突き刺します。これで香りが断然違い、ウイスキーのお友だちに変身します

1 炭火で直焼きです
写真は網焼きですが、炭に直に置いて焼いてください。短時間でむらなく焼けます

作り方

1 タマネギは皮のままナイフで切れ目を入れて、クローブ（ホール）を突き刺します。タマネギ1個につき、5〜6個でよいでしょう。タップリ塩を塗りつけたら、アルミホイルで包みます。

2 炭のおき火に入れて焼きましょう。むらなく焼くため、ときどき位置を変えてください。20分くらい焼き、手袋をして触ります。軟らかさを感じたら焼き上がっています。コゲた皮をむいて、1枚ずつ食べてください。

調理時間 25分

Simple Menu 62

シイタケの裏焼き

ヒダを上にして焼くだけのシンプルな調理ですが、うまみを最大限に引き出す方法です。

材料（4人前）
- シイタケ ……… 適宜
- ポン酢 ………… 適宜

焼き時間 3〜5分 / 網

調理時間 5分

作り方

1 焼き網を充分に熱したら、シイタケをのせます。いしづき（根元）を持ち、網状の傘が上になるように（逆さま）置きます。しばらく焼いて、網状のヒダに水分が出てくれば焼き上がりです。ポン酢をかけて食べましょう。しょう油、塩、レモンもアリです。

手順&コツ

1 いしづきは取っ手
いしづきには火が通っていないので、あとで焼き直して食べてください。出汁にも使えます

Simple Menu 63

ピーマンのパー焼き

丸ごと焼くだけなのでパー焼き。ふざけた料理名ですみません！普段のピーマンがカスだったことに気付く焼き方ですよ。

材料（4人前）
- ピーマン ……… 適宜
- しょう油 ……… 適宜

焼き時間 3分 / 網

調理時間 3分

作り方

1 焼き網を充分に熱したら、丸ごとのピーマンをのせます。少し強めの中火で焼いてください。転がしながら焼き、ところどころ焦げてきたら、もう焼き上がっています。しょう油をかけて食べてください。タネは食べないようにしてください。

手順&コツ

1 中火で焼く
火があまり弱いと焼ける前に乾いてしまうので、強めの中火で焼きましょう

Simple Menu 64

丸トマトのバジル焼き

バジルの風味がトマトのうまみを引き立てます。
シンプルだけどイタリアン料理です。

材料（4人前）

- トマト………適宜
- 塩……………適宜
- バジル………適宜

焼き時間 10分 ／ 炭火

調理時間 15分

作り方

1. トマトを洗ったら、上から1cmくらいのところを切ります。切り口に塩とバジルを振ります。アルミホイルで包みます。あとは弱火のおき火に直置きして焼くだけです。甘い香りが立ったら塩を振って食べましょう。

手順＆コツ

1. **ドライバジルを振る**
トマトの切り口に塩とバジルを振るだけ！塩は薄めにして、食べるときに塩を振りましょう

Simple Menu 65

直火の焦がし焼きナス

炭火に直置きする威力を存分に味わってください。
カラシしょう油がオススメです。

作り方

1. ナスを洗って水気を拭いたら、炭火のおき火に直置きして焼きます。皮を焦がすつもりで焼いてください。皮が黒く焼けたら、少し冷まして、手に水をつけながら焦げた皮をむいて食べます。包丁は使わず丸ごと食べてください。

手順＆コツ

1. **やけどに注意！**
直焼きは扱いに注意が必要。皮をむくときも、なるべく水を使わないとうまみが逃げません

材料（4人前）

- ナス……………適宜
- ショウガ………適宜
- 練り辛子………適宜
- しょう油………適宜

焼き時間 7〜8分 ／ 炭火

調理時間 15分

Simple Menu 66

長ネギの棒焼き

ただボウっと焼けばよいボウ焼きです。シンプルですがジックリ焼くほどうまさが際立ちます。

材料（4人前）
- 長ネギ ………… 適宜 
- 味噌 …………… 適宜

焼き時間 10分 / 網

調理時間 10分

作り方

1 ネギを弱火で加熱した網で焼きます（絶対に包丁は使わない！）。一番上の皮も付けたまま焼いてください。シンナリしたら、焦げた皮をむいて味噌を塗り、もう一度軽く炙って食べてください。切り分けたいときは焼けてから切ります。

手順&コツ

1 ネギの甘みを出す
皮が焦げても中はシンナリと焼けているはず。弱火でジックリ焼くと、ネギの甘みが出ます

Simple Menu 67

長芋の棒焼き

これもボーっと焼くだけなので棒焼きです。生でも食べられる長芋は焼きも短時間です。

作り方

1 洗って水気を拭いた長芋を網で焼きます。ヒゲ（根）を焼き、皮に火を通せば終了です。長芋のシャリシャリした食感を残すように焼きましょう。焼けた長芋を少し冷ましたら、5mm～1cmくらいに切り分け、ワサビしょう油で食べてください。

手順&コツ

1 ヒゲを焼くだけ
生でも食べられる山芋はヒゲ（根）と皮だけ焼くようにします。皮の食感が大事ですよ

材料（4人前）
- 長芋 …………… 適宜
- ワサビ ………… 適宜
- しょう油 ……… 適宜

焼き時間 5分 / 網

調理時間 10分

Simple Menu 68

ポテトでマリネ

この料理は箸休めとして紹介します。焼き料理ではありません。副食にサッパリしたマリネはどうですか？ジャガイモや漬け物が余ってしまったときにも重宝する調理方法だと思います。ワインビネガーの量は好みで加減してください。

ワンポイント
完成写真のジャガイモは少し大きめですが、これよりも小さく切ったほうが食感が良いでしょう。

調理時間 **80分**

材料（4人前）

- ジャガイモ ………… 2〜3個
- A ＜マリネ液の材料＞
- ピクルス ……………… 適宜
- 漬物 …………………… 適宜
- パセリ ………………… 1枝
- オリーブオイル
　　　　　　…… 大さじ1と1/2
- ワインビネガー …… 大さじ4
- 塩 ………… 小さじ1と1/2
- コショウ ……………… 適宜

作り方

1 ジャガイモの皮をむき、食べやすく切ったら鍋に入れて水を加えてゆでます。20分ほどゆでて軟らかくなったら湯を捨て、から炒りしてジャガイモの水気を飛ばします。

2 この間に、Aのマリネ液を合わせます。ピクルス、好みの漬け物、パセリを刻んだら、オリーブオイルとワインビネガーに合わせ、塩コショウで味を調えておきましょう。

3 保存できるビニール袋で1時間なじませれば完成です。肉料理の付け合わせにも最適です。

手順＆コツ

1 ジャガイモをゆでる
皮をむき、食べやすく切ったら水からゆでます。もう少し小さく切って時間短縮しましょう。当然食感も変わりますよ！　オススメします

2 マリネ液を作る
ピクルスなどを細かく刻んで合わせるだけです。材料表の漬け物はなくても大丈夫ですから、無理に購入する必要はありません

3 ビニール袋で休憩
ファスナー付きのビニール袋を使うと、保存もできて便利です。常備するといいでしょう。1時間で漬け込み終了です

ピリ辛トマトそうめん

変わりそうめんの紹介です。材料を切ったら、ゆでたそうめんに混ぜるだけのシンプル調理ですから、ちょっと小腹の空いたときにも重宝するでしょう。野菜類はすべてそろわなくても大丈夫！残り物を活用してください。

調理時間 **10分**

作り方

1 Aのピリ辛ソースを作ります。野菜を洗ったら、キュウリを3cmくらいの長さに細く切ります。ほかの野菜は薄く食べやすく切りましょう。適当な容器にトマトジュースとワインビネガーを合わせたら、切り分けた野菜を加え混ぜておきます。タバスコと塩コショウで味を調えたら、ソースは完成です。鍋にたっぷりお湯を沸かしてください。

2 沸騰したお湯でそうめんをゆでたら、取り出して冷水で洗います。水気を切ってから1のソースに合わせて完成です。

ワンポイント
そうめんはたっぷりのお湯でゆでましょう。ゆでたあとはスグに冷水に取り、丁寧に洗ってください。

材料（4人前）

- そうめん ……………… 400g

A＜ピリ辛ソースの材料＞
- キュウリ ……………… 1本
- トマト ………………… 1個
- ニンジン ……………… 1/3本
- タマネギ ……………… 1/2個
- セロリ ………………… 1/2本
- トマトジュース ……… 400cc
- ワインビネガー
  　　　　……… 大さじ1～2
- タバスコ ……………… 約10滴
- 塩 ……………………… 適宜
- コショウ ……………… 適宜

手順&コツ

1 ピリ辛ソース作り 
野菜にトマトジュースとワインビネガーを混ぜ、タバスコと塩コショウで調味するだけです。加熱はしませんから野菜は細かく切りましょう

2 そうめんをゆでる 
お湯はたっぷり沸かし、そうめんを泳がせるようにゆでると上手にゆで上がります。400gのそうめんなら4ℓのお湯が理想です

3 そうめんを合わせる 
そうめんの水気は、よく切ってからソースに合わせてください。味見をして薄いようなら塩コショウで調えてください

Simple Menu 70

ベジタブルヤッコ

豆腐をバーベキューで使った照り焼きソースで食べてみませんか？野菜もたっぷり使うのでヘルシー料理そのものです。加熱はありません。

材料（4人前）

- トマト ………… 1/2個
- キュウリ ………… 1/2本
- セロリ ………… 1/3本
- 豆腐 ………… 1丁
- バジル ………… 少々
- A ＜照り焼きソース材料＞
- みりん ………… 大さじ2
- しょう油 ……… 大さじ2
- 昆布茶の素
  ………… 茶さじ1/3

作り方

1 野菜はすべて5mm各位に切り分けましょう。豆腐は水切りしておきます。照り焼きソースは、Aの材料を混ぜるだけで完成です。豆腐にスプーンで凹みを作り、切り分けた野菜をのせ、照り焼きソースとバジルをかければ完成。

手順＆コツ

1 豆腐に凹みを作る
写真のようにスプーンを使い、豆腐に凹みを作ると野菜がキレイにのります。また、豆腐の水気は切ってから使いましょう

調理時間 5分

デザート＆ドリンク

どんなにお腹がイッパイでも、甘いモノは別腹といいますね。
実際に胃が動いて隙間を作るそうですから、人体の不思議には際限がありません。
余った材料やひと手間加えて作る手軽なデザート＆ドリンクを紹介します。

Dessrt & Drink Menu Recipe

Dessert & Drink Menu 71

アップルソースのポテトパンケーキ

自然な甘さのアップルソースが身体に優しいマッシュポテトのパンケーキです。栄養バランスも優れているので、おやつだけではなく食事代わりにもなります。

焼き方のコツ

テフロン加工された鉄板やフライパンで焼くと簡単で油も不要です。弱火で焼いてください。

材料（4人前）

- マッシュポテトミックス ……………… 100g
- 卵 ……………………… 1個
- 塩 …………………… 小さじ1/4
- 牛乳 ………………… 大さじ3
- オリーブオイル ……………… 適量

A＜アップルソースの材料＞
- リンゴ ………………… 大1個
- レモン汁 ……………… 大さじ1
- 白ワイン ……………… 1/2カップ
- 砂糖 …………………… 30g

作り方

1 マッシュポテトをパッケージ表記の作り方に従って作ります。箱表記の材料表になくても卵と塩、牛乳は加えてください。

2 リンゴをすりおろし、ソースを作ります。材料Aを、すったリンゴに加えて、8分以上弱火で煮込めば完成です。砂糖は好みで加減してください。

3 この間にフライパンか鉄板を弱火で加熱してオリーブオイルを薄く伸ばして、マッシュポテトを薄く伸ばして、両面をこんがりキツネ色に焼き、お皿に盛り付けます。そこにアップルソースをかけて食べましょう。

調理時間 20分

焼き時間 10分　鉄板

130

ア 焼き方のコツへ

手順&コツ

1 マッシュポテトを作ります
パッケージ表記の作り方に従ってください。またパッケージの材料表になくても塩、卵、牛乳は必ず入れてください

2 アップルソースを作ります
仕事はリンゴをすりおろすこと！誰かにやってもらいますか？　あとは材料を混ぜて煮込みます。8分でワインのアルコールは飛びます

3 同時進行で時間短縮
このように大きなグリルなら同時進行がオススメです。マッシュポテトはスプーンですくい弱火でじっくり焼き上げてください

Dessert & Drink Menu 72

焼き時間 5〜7分　鉄板

そば粉の パンケーキ

そば粉を使ったパンケーキやクレープ状の食べ物は
ロシアにあるそうで、正直私は驚きました。
ロシア人もそば粉を食べていたんですね。
甘さはマーマレードで加減してください。
朝食にも向いています。

132

調理時間 45分

焼き方のコツ

パンケーキは長く置くと粘りが出すぎて上手に焼けません。寝かせる時間は厳守が基本です。余分は焼いて保存しましょう。

材料 (4人前)

- 小麦粉（強力粉）……… 200g
- そば粉 ……………………… 200g
- 砂糖 ……………………… 大さじ1
- 卵 ……………………………… 2個
- 豆乳 ………………………… 2カップ
- 水 …………………………… 約100g
- 塩 ……………………………… 小さじ1
- オリーブオイル ………… 適宜
- カッテージチーズ ……… 適宜
- マーマレード …………… 適宜

作り方

1 まずは小麦粉とそば粉を合わせて、よく混ぜておきます。別の容器に砂糖と卵、豆乳と水、塩を混ぜたら、合わせた粉に加えてよく混ぜてください。できた生地にラップして30分ほど寝かせます。

2 弱火で加熱した鉄板にオリーブオイルを敷き、生地を適量流し入れてパンケーキの要領で両面を焼きます。裏返したらカッテージチーズかマーマレードを塗り温めましょう。

3 焼き上がったら取り出し、好みの組み合わせで重ねて食べてください。塩気のあるモノを挟むと、軽い食事の代わりにもなります。

手順&コツ

1 そば粉の生地を作ります

そば粉だけでまろやかな生地を作るのは大変ですが、小麦粉を混ぜると簡単にできます。豆乳は牛乳に変更可ですが、そのときは寝かしません

2 パンケーキの要領です

弱火で加熱してオリーブオイルを敷いたら、オタマなどで流し込み両面を焼くだけです。薄くできれば焼き時間短縮です

3 同時に温めます

生地を裏返したら、カッテージチーズかママレードをのせて少し温めましょう。ピザチーズなど溶ける材料もオススメします

Dessert & Drink Menu 73

少しスイート熱々ポテト

焼き芋だけでは物足りない贅沢な貴方に、ひと手間かけたスイートポテトを紹介します。裏ごしは省略しましたから、少しガサツなスイートポテトです。皮を焦がさないように焼き、皮ごと食べてください。胸焼け防止です。

焼き方のコツ

基本的に焼き芋と同じですが、少し大きなイモの方が作りやすいでしょう。弱火のおき火は同じです。

調理時間 50分

作り方

1 濡れ新聞にイモを包み、炭火に入れてイモを焼きます（詳しくは32〜33ページの焼き芋の作り方を参照）。

2 焼き上がったイモを縦割りして中身をくり抜き、適当な器に取り置きます。イモの皮は後で器にしますので、慎重に破かぬように！

3 取り出したイモの中身に、生クリームと練乳を加えて混ぜます。分量は自分好みに加減してください。甘さは練乳、硬さは生クリームで調整します。

4 3を皮の器に戻したら再び焼きます。このとき、アルミホイルで焼き型を作ると調理しやすくなります。温まったら食べてください。

材料（4人前）

- サツマイモ ……………… 2本
- 生クリーム ……………… 適宜
- 練乳 ……………………… 適宜

焼き時間 40分 網 炭火

▶ 焼き方のコツへ

手順＆コツ

4 再び焼きましょう
アルミホイルの焼き型に入れ、もう一度温めます。トーチバーナーで焦げ目を付けると、見た目にもおいしくなりますね

3 スイートなポテト
甘さは練乳、硬さは生クリームで加減します。好みの味付けにしてください。味見しすぎてなくならないことを祈ります

2 イモをくり抜く
写真のようにイモの中身をくり抜いて取り置きます。皮はあとで器にしますので、丁寧に作業してください

1 焼き芋を作ります
濡らした新聞紙にイモを包み、弱火の直火で焼きます。大きめのイモが調理しやすいと思いますが、焼き時間はかかります

135

Dessert & Drink Menu 74

焼きチョコマシュマロ

マシュマロはウイスキーのつまみになりますが、このチョコレートコートしたマシュマロ焼きも、スピリッツやリキュール類と相性は抜群です。

材料（4人前）

- 牛乳 ……………… 50cc
- ブラックチョコレート …………………… 1枚
- マシュマロ ………… 1袋

焼き時間 1-2分　炭火

作り方

1 適当な器に、牛乳と砕いたチョコレートを入れたら、加熱してチョコレートを溶かします。

2 金串にマシュマロを刺し、火床から30cmくらい離してマシュマロを焼きます。慌てると焦げたり、溶けて串から落ちてしまいますから注意してください。表面が薄茶色に焼けたら、溶けたチョコレートにつけて食べます。

手順&コツ

1 チョコを溶かす
温めた牛乳でチョコを溶かします。牛乳とチョコの配合は自由ですが、チョコは濃いめがオススメです

2 マシュマロを焼く
串に刺すマシュマロは3〜4個が適切です。キツネ色に焼けたら、溶かしたチョコにつけて食べてください

調理時間 10分

Dessert & Drink Menu 75

チャイにしてくだちゃい

チャイはご存じインドの紅茶です。香り豊かな紅茶で贅沢な時間を過ごしてください。

材料（4人前）
- カルダモン …… 3個
- 牛乳 ……… 2カップ
- クローブ ……… 4個
- ナツメグ ……… 適宜
- 紅茶 …… 大さじ1/2
- シナモンスティック …… 2本
- 砂糖 ……… 適宜

調理時間 5分

作り方

1 カルダモンは薄皮をむいてから潰しておきます。適当な鍋に牛乳を入れ、潰したカルダモンとクローブ、ナツメグを加え、弱火で1〜2分煮ます。さらに紅茶を加えて3分煮たら、濾してカップに注ぎましょう。シナモンスティックをさし、好みで砂糖を入れてできあがりです。紅茶は葉が細かい方がチャイに適しているようです。

Dessert & Drink Menu 76

サングリア

サングリアは西洋のパーティーでよく見かける、フルーツにつけたワインのことです。急ぐ場合はフルーツジュースを少し加えます。

材料（4人前）
- オレンジ …… 2個
- レモン ……… 1/2個
- リンゴ ……… 1/4個
- 桃 ………… 1個
- 赤ワイン ……… 1本
- シナモンスティック …… 1本
- 砂糖 ……… 適宜

調理時間 30分

作り方

1 オレンジは皮をむき、1cmくらいの半月切り、レモンは厚めの輪切りにします。リンゴは1cm幅のクシ切りに、桃は皮をむいてひと口大に切ります。

2 適当な容器に1を入れて赤ワインを注ぎ、シナモンスティックを割り入れましょう。好みで甘み（砂糖）を付けたら完成です。少し寝かせてから上澄みを飲みましょう。

Dessert & Drink Menu 77

テ・コーク

テ・コとは、わがアシスタント君の愛称です。彼が無類のコーラ好きで酒に弱いため作りました。すんまへぇん！

調理時間 1分

作り方

1 グラスによく冷やしたビールとコーラを半々に注ぎます。ここにレモン汁数滴とバーボンを数滴垂らしたら完成です。

2 好みでレモンの輪切りや、氷を2～3個入れてアルコール度数を下げます。

材料（1人前）

- ビール（発泡酒） ………… 1/2カップ
- コーラ …… 1/2カップ
- レモン汁 ………… 数滴
- バーボン ………… 数滴

Dessert & Drink Menu 78

シャンディー・ガフ

ビールをジンジャーエールで割った甘さの少ないカクテルです。昼間の酒に最適でしょう。

調理時間 1分

作り方

1 冷やしたグラスによく冷えたジンジャーエールを半分注いだら、冷やしたビールを泡立てるように勢いよく注ぎます。このままかき混ぜないで完成です。泡が消えないうちにどうぞ！

材料（1人前）

- ジンジャーエール
  ………… 1/2カップ
- ビール（発泡酒）
  ………… 1/2カップ

Dessert & Drink Menu 79

オレンジサンセット

海の夕暮れをイメージしたビールカクテルです。少し苦みとえぐみがあるので大人向きです。

調理時間 1分

作り方

1. オレンジを厚めに半月切りしたら、皮と身の間に少し切り込みを入れます。
2. グラスに冷えたビールを6分目まで注ぎます。さらに静かにオレンジジュースを注いだら、半月切りしたオレンジを写真のように飾ってできあがりです。

材料（1人前）

- オレンジ ……… 適宜
- ビール（発泡酒） ……… 2/3カップ
- オレンジジュース ……… 1/2カップ

Dessert & Drink Menu 80

レッドアイ

トマトジュースとレモン風味のビールカクテル タバスコの量は好みで調節してください

調理時間 1分

作り方

1. 冷えたグラスに、よく冷やしたビールを静かに半分注ぎます。さらにトマトジュースを8分目まで入れたら、タバスコを2〜3滴垂らしてレモンを絞ってできあがりです。飲み屋のオネーサン御用達カクテルです。

材料（1人前）

- ビール（発泡酒） ……… 1/2カップ
- トマトジュース ……… 1/3カップ
- タバスコ ……… 適宜
- レモン汁 ……… 1/4個分

バーベキュー Q&A 02

どうして炭火で焼くとおいしいの？

　　それは遠赤外線の力です。炭が出す遠赤外線を含む火と、ガスやガソリンバーナーが出す炎の違いを考えてみましょう。
　遠赤外線は見えない熱線で、空気とは無関係に食材全体を直接加熱していきます。風が吹いても熱線は影響を受けないので、野外バーベキューには都合がよい熱源なのです。また、遠赤外線は水分を持たないので食材を乾かします。加熱され水分を失った食材のうまみは凝縮されて当たり前ですよね。一方、ガスやガソリンバーナーが出す炎は、水分を出しながら空気を加熱します。この空気で表面から加熱するので水っぽく、焦げてもまだ内部は生焼けということも起こるのです。

バーベキューの基本&コツ

バーベキューは焼けば良いだけではありません。炭火は奥深く、バーベキューも実に合理的かつ深淵なのです。ここでもう一度基本をおさらいして確認しておきましょう。今さら聞けない疑問にも答えていると思います。

Know-How

道具をそろえよう

Know-How

グリルやクーラーボックス、クッカーなどなど、ここでは、バーベキューをおいしく仕上げてくれて、さらに楽しく快適に過ごすための道具を紹介します。

バーベキューグリル

バーベキューグリルは、中に炭を入れて網や鉄板をのせる、バーベキューには欠かせない道具のひとつです。小型のものから大型のものまで、サイズや価格は豊富にそろっています。

バーベキューグリル

脚が付いたスタンド式は、グリルの焼き面がちょうど腰の高さにきますので、立ちながら調理できます。焼き面が30×45cmくらいが、4人家族にはちょうどいい大きさでしょう

テーブルにも置ける

テーブルの上に置いて使うグリルです。また、スタンド式でも、脚を外せば2通りの使い方ができる便利なグリルもあります

鉄板をのせて使う

網を外して鉄板をのせることもできます。網焼きと鉄板焼き、2通りの使い方ができるのが、バーベキューグリルの利点です

クーラーボックス

クーラーボックスは釣りなどにも使えます。ハードタイプとソフトタイプがあり、バーベキューではふたつを使い分けると便利でしょう。

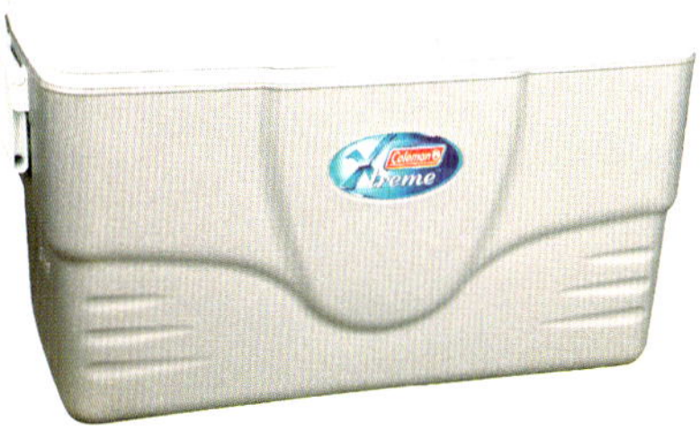

ハードクーラーボックス

200ℓを超える大型のものまでありますが、バーベキューやキャンプでは45ℓを目安にしましょう。片開きのものとフタ全体が取れるタイプがあります

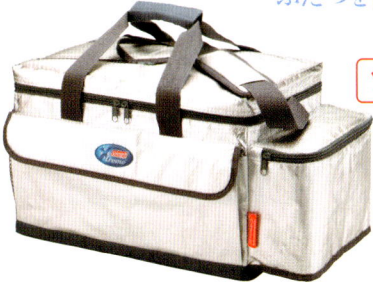

ソフトクーラーボックス

サブクーラーとして利用すると便利です。15〜20ℓくらいのサイズを飲み物専用クーラーにするといいでしょう。使わないときには小さく収納できます

食器類

アウトドアでは、割れにくく、熱に強い素材でできている食器を使うのがいいでしょう。

写真は4人分の食器とケースがセットになったもの。これ1セットから始めましょう

クッカー

鍋やフライパンがセットになったものがキャンプクッカーです。重ねて収納できて便利。

小鍋、大鍋、フライパンがセットになっているので、さまざまな料理に対応できます

カトラリー

収納ケースに入れると安全で便利。ケースを作って家庭用のものを持っていくのも手です。

写真は4人用のカトラリーセット。ナイフとフォーク、スプーンが各4本とケース付き

包丁・まな板

家庭にあるものを使うのが一番ですが、小さく軽くて折り畳める包丁・まな板もあります。

写真は折り畳み式のまな板、ロック付き包丁、柄が収縮するおたまとターナーの4点セット

Know-How

テーブル

食卓を囲むためにはテーブルが必要になります。収納や持ち運びに便利なテーブルがアウトドアグッズにはあるのです。

キッチンテーブル
テーブルの上にクッキング用品が置けて、さらに調理スペースを確保できる簡易キッチン。ただし、収納時も大きく持ち運びには不便です

ロールテーブル
天板を巻いて収納するタイプ。コンパクトになるので持ち運びに便利です。ほかに、折り畳み式のフォールディングテーブルもあります

ウオータータンク

水道の役割を担う道具。水が近くになければ調理しにくいので、特に水場が離れているところでバーベキューをする際の必需品です。

ウオータージャグ
タンクとは違いジャグには保冷力があるので、冷たい飲み物を入れておくのが普通です。いつでも冷たい水を飲めるようにすれば、夏の熱中症対策にもなります

ウオータータンク
中に水を入れます。ほとんどのタイプに蛇口が装備されているので使い方は簡単。テーブルや台の上などに置いて使うと便利でしょう

チェア

座り心地がよく、コンパクトな収納で持ち運びに便利なアウトドア用チェア。買う際には必ず座ってから購入してください。

収束型チェア
小さく収納することができて、付属の収納袋に収めれば持ち運びも便利。ほかに、折り畳み式のフォールディングチェアもあります

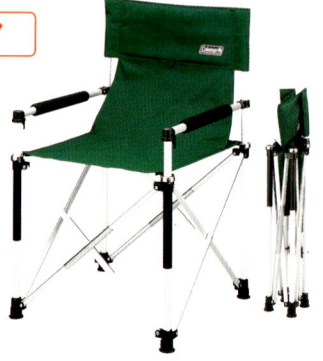

子ども用チェア
細身でやや高さがあるのが特徴。転落防止用のシートベルトや転倒防止機能が付いたものもあります。もちろんコンパクトに収納できます

144

道具をそろえよう

バーナー

炭火を使うバーベキューでも、下ごしらえなどでバーナーがあると便利。ガスカートリッジ式のほかにも、ガソリン式があります。

ガスカートリッジ式ツーバーナー

炊き口がふたつあるのでツーバーナーと呼びます。点火と消化がワンタッチでできるのが魅力。大きな鍋も安定して置けます

ガスカートリッジ式シングルバーナー

身近に置いていつでも簡単に使えるバーナーです。ティータイムでお湯を沸かすときなどに使うと便利です。コンパクトな収納も魅力です

焚き火台

焚き火台は直火禁止の場所で焚き火をするための道具です。見るための焚き火だけではなく、網をのせれば調理用にもなります。

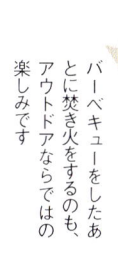

バーベキューをしたあとに焚き火をするのも、アウトドアならではの楽しみです

トーチバーナー

ガスカートリッジを燃料にした火器です。料理の仕上げに焦げを付けたい場合や、炭火を起こすときに使える優れものです。

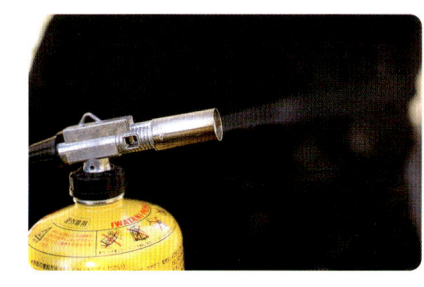

点火装置が付いたものもあり、ワンタッチで点火と消火ができます。子どもの使用は厳禁

あると楽しいアイテム

アウトドアでのティータイムなど、くつろぎの時間を演出してくれる道具を紹介します。

野点セット

野外でお茶会が楽しめるセット。ナツメまでそろった本格的で粋な道具です

パーコレーター

インスタントコーヒーもいいですが、本物の香りと味を野外で楽しむのは格別です

コーヒーバネット

ドリップタイプのコーヒーが味わえます。バネになっているので小さく収納できます

Know-How

炭火をおこそう

もっともバーベキューに適した熱源が炭火なのです。炭の表面が白くなって、奥が赤く熱せられれば使いごろ。炎が上がっていたら、まだまだ点火途中だと思うべし！

炭の種類と特徴

炭は木材が炭化したもので、黒炭と白炭に大別できます。バーベキューをおいしく仕上げるためには、炭火の扱い方をマスターしておかなくてはいけません。種類と特徴を覚えておきましょう。

白炭

火力の安定性は最高
備長炭が有名です。硬質炭で長時間安定した火力を発揮します。ただし着火から火が安定するまでには時間がかかるので、特に初心者にとっては不向きな炭です

黒炭

バーベキューには最適
ナラやクヌギを材料にしたものが多く、においや形が良いです。着火は簡単で、燃焼時間が2時間ほど持つので、バーベキューをはじめとしたアウトドア料理には最適です

炭火の効果

炭火の表面が白くなってきたら、調理に使いやすい安定期です。肉であれば外はパリパリ、中はジューシーな仕上がりが期待できます。炭火はおいしいバーベキューの源なのです。

炭火の表面が白く覆われて、中が赤くなったら使いごろ。炭の種類によって異なりますが、中は500〜800℃ほどの高温になるのです

炭火の遠赤外線効果は、風にも影響されずにダイレクトに食材を過熱します。そのため肉は中まで火が通り、おいしく焼けるのです

新聞紙で炭火をおこす

古新聞を使った着火方法もあります。経済的で着火材特有のにおいもありません。しかも簡単にできるのでオススメです！

1 対角線に折り畳む 
古新聞を広げたら対角線に持ち、2cm幅くらいに折り畳みます

2 すき間を作って巻く 
指2本を中心にして、空気が入るすき間を作るために緩く巻いていきます

3 トグロ状にする 
新聞紙の最後は、中心の穴に入れて引き抜き、写真のように出します

4 炭をのせて点火 
5～6個作り、炭をのせて四方から点火します。炭に火が移るまでは触らずに

着火剤で炭火をおこす

慣れていないと炭火おこしは難しいものですが、それを助けてくれるのが着火材です。ここでは使い方をお教えします。

1 市販の着火材を用意 
着火材もさまざま。右のアルコール系着火材はジェル状。炭につけて使います

2 着火材を置く 
ヤシ殻着火材やチャコールブリケットなど、固形の場合は一番下に置きます

3 着火材に点火する 
着火材の上に中くらいの大きさの炭をのせて、着火材に点火します

着火剤の上に炭

4 炭に燃え移る 
着火材は長時間燃えるので、確実に炭に着火します。これで炭火はおきます

Know-How

炭火の置き方

炭火の置き方によって、強火を弱火を使い分けると便利です。どう置けば強火になるのか弱火になるのかをお教えします。

重ねて置けば火力アップ
炭を積み重ねれば、火力が集中するので強火になります。この置き方は、炭をまんべんなく着火させるときにも使います

平らに置けば火力ダウン
炭を平らに置くと、火力は分散するので弱火になります。強火と弱火は、作る料理によって使い分けてください

ステーキなどの料理は、強火の後に弱火にかけるので、炭火の強弱の使い分けは必須です

炭をのせる火床がふたつあるバーベキューグリルもあります。これだと強火と弱火を分けて置くことが簡単にできるのです

ほかの方法で炭火をおこす

着火材や新聞紙を使う以外の方法を紹介します。どちらもそれなりに時間はかかりますが、手間のいらない着火方法なのです。

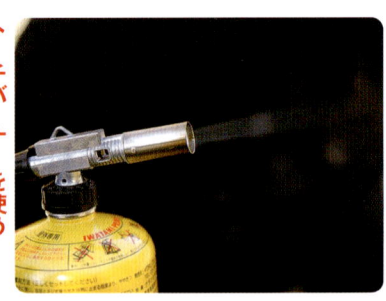

トーチバーナーを使う
トーチバーナーは高温の炎を噴出します。炭の下部をじっと加熱するのがコツです。炭がはぜることもあるので注意してください

焚き火に置く
焚き火をしていれば、その上に炭を置くことで簡単に炭火はおきます。一番手間がいらない着火方法です

あると便利な小道具

炭火をおこすときにあると便利な脇役たちです。準備して出かけるといいでしょう。

左上からうちわ、フイゴ(風を送る道具)、ナタ、斧、火バサミ、皮手袋。ほかにも柄の長いライターがあると着火のときに便利です

炭を再利用する方法

一度燃えて残った炭を「消し炭」と呼びます。これを再利用すると、着火が早くてとても便利な炭になるのです。捨てずに取っておきましょう。

1 バケツを準備する
水がたっぷり入ったバケツを準備して、そこへ大きな炭の燃え残りをひとつずつ入れます

2 水を吸わせて消化
炭から気泡が出なくなるまで水に浸けておきましょう。しばらくすると完全に消化します

3 炭が冷めたら収納
触れられる程度まで炭の温度が下がったら、バケツから取り出し、適当な容器に入れて持ち帰ります

4 天日で乾燥させる
帰宅後、晴天の日にでも屋外で乾燥させましょう。これを着火用の炭に再利用するのです

火力調整の方法

うちわを使って火力をアップさせましょう。黒くてまだおきていない炭の部分を、風を送ることによって着火させるのです。

上から強くあおぐ ◎
うちわの使い方として、上から下げるときに力を入れるのがコツです。ボウッ、ボウッと勢いよく風を送り込みましょう

そよそよあおぐのはNG ×
優しく風を送っても、炭は着火してくれません。フワフワと涼しい感じではダメなのです。力を入れてあおぎましょう

おき火にする

調理に適した炭の状態をおき火と呼びます。表面が白くなったころがベストなのです。

バーベキューでは安定した火力で調理をすることが、おいしさの秘訣になります。写真のように炭が白くなり、おき火になれば火力は安定するのです

Know-How

カマドを利用しよう

キャンプ場に設置されているカマドを利用すると、コンロを持参しなくても、手軽で便利にバーベキューができます。

U字溝を利用したカマド
U字溝は、テントを張るスペースに設置されていることが多いです

常設のカマド
キャンプ場のバーベキューエリアによくある常設カマドです

カマドを作ろう

河原などでバーベキューをする場合には、自分たちでカマドを作って、その上に網や鉄板をのせる方法もあります。

平行型カマド
風が抜けるように、風向きと平行に石を並べます。これで平行型カマドの完成です。石の間に熱をためるので、大きなマキでも燃えやすくなります

風の向き

コの字型カマド
コの字型カマドは、平行型カマドで開いていた一辺を閉じた形になります。カマドの上部が平行になるように石を組みましょう。開口部を風上にして、カマドの上部が平行になるように石を組みましょう

風の向き

1 穴を掘る
カマドになる地面を少し掘りましょう。近すぎず遠すぎず、火床との距離が大切です

2 石を集めて積む
できるだけ同じ大きさの石を集めて組みましょう。手袋を着用してケガに注意して！

マキに着火する

焚き火にも使えるマキは、多くのキャンプ場で販売しています。ここではマキに着火する手順をお教えしましょう。

1 タキギを準備する
焚きつけ用に太さ数mm、1cm、2～3cmのものを拾って、使いやすいように太さごとに分けておこう

小 / 中 / 大

2 穴を掘る
直径30cm以上の浅めの穴を掘り、火床にします。掘り起こした土は埋め戻しに使います

直径30cm以上

3 焚きつけを入れる
一番下に古新聞を丸めて置いてから、その上に枯れ葉や枯れ枝を焚きつけ用に置きましょう

一番下に新聞紙

4 焚きつけに着火する
中央で交差させながら枝を細い順にのせたら、新聞紙に着火。その後、購入したマキを加えます

あと始末

地面に火床を作ったあとは、必ず埋め戻して痕跡を残さないようにしてください。次に来た人が気持ちよく過ごせるようにしましょう。

1 確実に消火する
水をかけて確実に消火してください。燃え残りを出さないように考えてマキをくべるのも大切なポイント

2 燃え残りを拾う
マキの燃え残りを拾って、燃えるゴミとして始末します。火が確実に消えていないと危険です

3 穴を埋め戻す
灰は土壌を改質、浄化する作用があるので残しても環境には優しいのです。小型スコップなどで穴を埋めます

4 踏み固めて完了
埋め戻した土を足で踏み固めたら完了です。あとには足跡しか残さない! これが鉄則です

食材を知ろう

Know-How

すでにご承知の方も大勢いるとは思いますが、改めてここで焼き加減のチェック方法や焼き付き防止策、さばき方や保存方法を確認しておきましょう。

火の通り具合をチェックする

焼きモノ主体のバーベキューでは、焼き加減のチェックはとても重要です。コツと要領を覚えて、好みの焼き加減ができるようにしておきましょう。

ステーキの焼き加減
金串を刺して引き抜き、穴の周辺を押します。透明な肉汁が出てくれば、完全に焼けた証拠です。少し血が混じるようならレア状態と覚えてください。この血の色の濃さで焼き加減を調節します

ハンバーグの焼き加減
同じように金串を刺して引き抜きます。出てくる肉汁で判断するのはステーキと同じです。しかしハンバーグの場合は、必ず透明な肉汁が出るまで焼きましょう。特に豚肉を使った場合は厳守です

焦げ付き防止策

網に食材がくっついてしまうのは困ったモノです。対策を施しましょう。焼き網を充分加熱するのが基本です。

魚や魚介類は身が崩れやすいので、特に念入りに対策します

対策にはさまざまな方法がありますが、私はお酢を塗る方法をオススメします。焼き網にハケで酢を塗るだけ！

手作りソーセージの作り方

ここでは有名DIYショップオリジナルの
ソーセージ製作道具を使っていますが、
絞り袋や金口は
ケーキ用でも代用できます。

2 腸を塩抜きします
購入した天然腸は塩漬けされたモノですから、必ず塩抜きが必要です

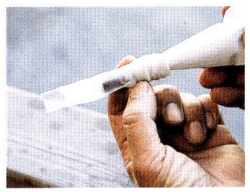

1 市販の道具
これが有名DIYショップのソーセージ製作道具。腸まで売っています

4 絞り出す
空気を入れないように絞り袋を絞って腸詰めします。キッチリ詰めて！

3 金口にセットする
市販のソーセージ用腸はガイドも付いていて、金口にセットするのも簡単

イカのさばき方

新鮮なイカは胴が黒く
輝いています。白く濁ったイカは鮮度が
落ちていると判断してください。
購入後も低温で移送してくださいね。

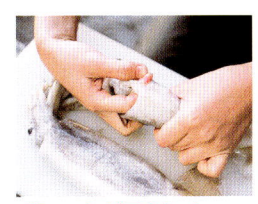

2 つなぎ目を切る
指を引き、つなぎ目を千切ります。これでワタと胴が離れました

1 つなぎ目に指をかける
イカの胴に指を入れて中骨とワタのつなぎ目を確認し、指をかけておきます

4 お腹を洗う
ワタが残る場合もあるのでお腹も洗いましょう。中骨も取ってください

3 ワタを引き抜く
足を持ち、引き抜くとワタが出てきます。ワタ袋を破らないよう丁寧にやろう

食材の保存方法

アウトドアでは、クーラーボックスが冷蔵庫です。
上手に活用すれば料理の効率ばかりか、
腕も上がるというものです。

ソフトは飲み物専用に
ソフトクーラーボックスは飲み物専用にすると、使い分けができていいでしょう。容器が硬い飲み物は、保冷材や氷を一番上に置くのが原則です

保冷剤を入れて食材を冷やす
ハードクーラーボックスには、肉や魚を入れておこう。その際、保冷材を入れておけば、数日であれば食材は傷まず保存力はアップします

Know-How

タレ&ソースを作ろう

バーベキューに欠かせないタレやソースも、自分たちで作ると、よりいっそうおいしさが増します。ここで紹介しているタレ&ソースは、すべて本書のレシピで使っているものです。ぜひ作ってみてください！

基本のしょう油ダレ

<材料>
- タマネギ ………………… 1/2個
- リンゴ …………………… 1/4個
- しょう油 ………………… 1/2カップ
- みりん …………………… 1/2カップ

●このタレを使ったメニュー●
- 骨付きカルビ ……… 14ページ

<ポイント> 市販の焼き肉のタレに近い存在が、この基本のしょう油ダレです。化学調味料を使わないため、タマネギやリンゴの自然な甘さが後口のよさを呼び、飽きない味だと思います。

照り焼きソース

<材料>
- みりん …………………… 大さじ2
- しょう油 ………………… 大さじ2
- 昆布茶の素 ……………… 茶さじ1/3

●このソースを使ったメニュー●
- 照り焼きチキン …… 22ページ
- サザエの旨味焼き … 39ページ
- イカの照り焼き …… 40ページ
- 焼き野菜の盛り合わせ … 41ページ
- ブリの照り焼き …… 72ページ

<ポイント> 基本の照り焼きソースは、しょう油とみりんを1対1で合わせますが、ここでは昆布茶も加えて味に深みを出しています。配合は自分の舌で決めてください。

味噌ダレ

<材料>
- 味噌 ……………………… 1カップ
- 日本酒 …………………… 1/2カップ
- ニンニク ………………… 2片
  （チューブ入りおろしなら6cm位）
- 万能ネギ ………………… 1/2束
- 砂糖 ……………………… 大さじ2

●このタレを使ったメニュー●
- 鮭のチャンチャン焼き
  ………………… 24ページ

<ポイント> このタレにはニンニクをたくさん使います。少しクセのある食材や脂の多い食材に適していると思います。またこの味噌は加熱して使う前提ですので、焼きながら塗りましょう。

インド風ソース

<材料>
- タマネギ …………… 1/2個
- セロリ ……………… 1本
- おろしニンニク … 小さじ1/2
- おろしショウガ … 小さじ1/2
- レモン汁 ………… 1/2個分
- プレーンヨーグルト … 1/2カップ
- カレー粉 ………… 小さじ2
- 塩 ………… 小さじ1と1/2
- コショウ ………… 適宜

<ポイント> カレー味のインド風ソースです。保存にも有利ですし、材料も軟らかくしてくれます。においも取りますから、安価な冷凍串刺し焼き鳥にも応用すると、カレー風味の焼き鳥が手軽にできます

●このソースを使ったメニュー●
タンドリーチキンだっ手羽 …………… 96ページ

ミントソース

<材料>
- フレッシュミント … 3〜4枝
- 熱湯 …………… 1/4カップ
- ワインビネガー … 1/4カップ
- 砂糖 …………… 小さじ1
- 塩 ……………… 少々

<ポイント> 日本人にはなじみの薄い、少し甘くて香りの強いソースです。においや脂分の多い食材に適しています。とてもさっぱりした後口が特徴ですから、ラム肉や夏のバーベキューには最適でしょう

●このソースを使ったメニュー●
爽やかラムロースト …………… 46ページ

サンバルソース

<材料>
- おろしタマネギ … 1/6個分
- おろしニンニク …… 3片分
- プチトマト ………… 6個
- オリーブオイル …… 大さじ2
- 豆板醤 ………… 大さじ2
- コンソメ（顆粒）… 小さじ1
- 塩 ……………… 小さじ1

<ポイント> インドネシアのサンバルソースを少しアレンジしています。材料のコンソメを、カツオだしにするとよりホンモノに近い感じが出せるかもしれません

●このソースを使ったメニュー●
サテはアジアの焼き鳥です …………… 98ページ

マリネソース

<材料>
- おろしニンニク … 大さじ1
- 鷹の爪 ………… 5〜6本
- オリーブオイル … 1/4カップ
- しょう油 ………… 大さじ1
- パプリカ ………… 小さじ1
- ナツメグ ………… 小さじ1/4
- タイム …………… 大さじ1/4
- 塩 ………………… 小さじ1
- コショウ ………… 小さじ3/4

<ポイント> 保存性を高めながら味を染み込ませるマリネソースです。塩、ニンニク、鷹の爪、オリーブオイルは保存には使いたい調味料ですから覚えておくと便利です

●このソースを使ったメニュー●
マリネチキンのバーベキュー …………… 62ページ

ピリ辛ダレ

<材料>
- おろしショウガ …… 約3cm
- みりん …………… 大さじ3
- コチュジャン …… 大さじ3
- しょう油 ………… 大さじ6

<ポイント> 韓国のコチュジャンを使った甘辛のタレです。応用は広く利くと思いますが、淡泊な食材に適したタレだと思います。コチュジャンの増減で味は大きく変わります

●このタレを使ったメニュー●
ピリリと辛い焼き鳥 …………… 100ページ

チリソース

<材料>
- トマトケチャップ …………… 1/2カップ
- オレンジジュース …………… 1/6カップ
- ウスターソース … 大さじ1
- しょう油 ………… 大さじ1/2
- チリパウダー ……… 適宜

<ポイント> オリジナルチリソースですが、今回紹介した料理では直にチリパウダーを材料に塗り込んでいます。このソースだけを考えると、材料にチリパウダーが必要です

●このソースを使ったメニュー●
骨付きチキンのチリ焼き …………… 64ページ

あとかたづけをしよう

Know-How

キャンプ場でも下水処理が完璧なところはありません。だから残飯や生ゴミを流さないことが、環境汚染を最小にする基本です。上手にあとかたづけをこなして、気持ちよく帰りましょう！

食器を洗う

炊事棟が近くにあれば、食器などはそこで洗いましょう。なければ、熱湯とキッチンペーパーで簡単に拭き取って、あとは自宅に帰ってからの仕事にするといいでしょう。

1 洗う前に拭き取る
残飯や生ゴミは、キッチンペーパーを使ってきれいに拭き取ろう。洗うのはそれからです

市販されている環境に優しい洗剤の一例です。種類はたくさんあります

2 環境に優しい洗剤を使う
使用後に有機分解される洗剤が市販されています。キャンプ場などの炊事棟では、これを使って洗いましょう

網の焦げ付きを落とす

肉や魚などを焼くと、どうしても網に焦げが付いてしまいます。タワシを使っても落ちない場合はトーチバーナーを使うと便利ですよ！

肉や魚を焼いていると、焦げは付いてしまうものです

落ちない焦げはトーチバーナーを使って焼き切ろう。この後で洗うときれいになります

ゴミの分別・出し方

私たちが住む地域にゴミの分別・出し方のルールがあるように、
キャンプ場にも決まりがあります。確認して守りましょう。

カートリッジに穴を開ける
カートリッジの残量ガスは微量でも危険。穴を開けて捨てましょう

空き缶はつぶす
靴で踏むなどして、小さくつぶせばゴミ出しは楽になります

ゴミを分別する
可燃と不燃の分け方は地域やキャンプ場によってマチマチです。指定どおり分別しましょう

指定の場所に捨てる
キャンプ場では、捨てる場所や分別のルールが決められています。また、キャンプ場以外の場所で料理を楽しんだら、ゴミを持ち帰るのが基本です

ゴミ袋を設置する

ゴミ袋は燃えるゴミ、燃えないゴミ、空き缶など、複数を用意してセットしておくと、
分別して捨てるときに便利です。

市販のゴミ専用スタンド
ゴミ専用のスタンドが市販されています。使い勝手がいいので、積載スペースとお財布に余裕がある人におすすめします

ゴミ箱を自作する
写真は、ツーバーナーをのせるためのスタンドを利用してゴミ箱を作りました。自分なりのアイデアで作るのもいいでしょう

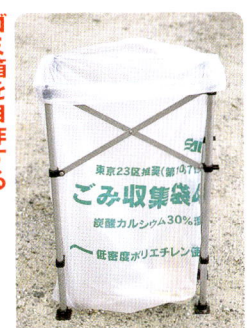

キッチン付近にセットする
キッチンやテーブルなど、調理したり食べたりする場所が一番ゴミが出ます。ゴミ袋とテーブルをガムテープでとめておくと便利です

持ち物チェックリスト

出発前には持ち物の点検をしましょう！
「道具」と「食材」に分けた、
使いやすいチェックリストを作りました。
これを参考にして、バーベキューに行く準備をしてください。

食 材

●チキン
- ☐ 甘ダレもも肉
- ☐ 味噌味もも肉
- ☐ もも肉
- ☐ 骨付きもも肉
- ☐ 手羽先
- ☐ ウイング
- ☐ 丸焼き用中抜き
- ☐ 焼き鳥
- ☐ 蒸し鳥

●ソーセージ
- ☐ チョリソー辛口
- ☐ 皮なし
- ☐ リブフランク
- ☐ ハーブ入りソーセージ

●そのほかの肉
- ☐ 合鴨
- ☐ 仔羊
- ☐ 北京ダック
- ☐ 馬肉

●飲み物
- ☐ ビール、発泡酒
- ☐ 日本酒
- ☐ 焼酎
- ☐ 洋酒
- ☐ ソーダ、レモン、水
- ☐ ソフトドリンク類

●薬味・焼肉のタレ
- ☐ コチュジャン
- ☐ おろしニンニク
- ☐ ネギ

●そのほか
- ☐ 防寒着
- ☐ レインウエア
- ☐ 帽子
- ☐ タオル、雑巾
- ☐ ファーストエイドキット
- ☐ 保険証のコピー
- ☐ 蚊とり線香、虫除けスプレー
- ☐ かゆみ止め薬
- ☐ トイレットペーパー

●ビーフ
- ☐ 国産牛
- ☐ オージービーフ
- ☐ 味付けバーベキュー用
- ☐ ミニステーキ
- ☐ リブステーキ
- ☐ カルビ
- ☐ 骨付きカルビ
- ☐ タン塩
- ☐ ミノ
- ☐ ホルモン
- ☐ レバー

●ポーク
- ☐ スペアリブ
- ☐ 味付けスペアリブ
- ☐ ロース味噌漬け
- ☐ 豚肉野菜巻き
- ☐ 豚キムチ

道 具

●キッチンまわり
- ☐ バーベキューグリル
- ☐ 網、鉄板
- ☐ テーブル
- ☐ チェア
- ☐ クーラーボックス
- ☐ 保冷剤
- ☐ バーナー
- ☐ ウォータータンク・ジャグ
- ☐ クッカー
- ☐ 食器類
- ☐ まな板、包丁、ナイフなど
- ☐ カトラリー
- ☐ 焚き火台
- ☐ ライター
- ☐ トーチバーナー
- ☐ 炭
- ☐ マキ
- ☐ 着火材
- ☐ 軍手、革製グローブ
- ☐ うちわ
- ☐ トング
- ☐ 新聞紙
- ☐ アルミホイル、ラップ
- ☐ ファスナー付きビニール袋
- ☐ キッチンペーパー
- ☐ ゴミ袋
- ☐ 洗剤
- ☐ スポンジ、タワシ
- ☐ ゴム手袋（炊事用）

あとがき

「**料**理はタマゴに始まりタマゴに終わる」と調理人は言います。寿司職人の腕を判断するのもタマゴとコハダだと聞き及びます。イタリアンシェフの作る「アーリオ・オーリオ・ペペロンチーノ」も腕の見せどころのようです。このようにシンプルな料理こそ、調理は難しく奥深いのが事実のようです。

私は本書でたくさんのバーベキューレシピを紹介しましたが、皆さんに最も実践してほしいのは、「丸ごと焼く」バーベキューです。

ただ焼くだけで確実にウマイのです。しかし、焼きをうまくするのは火力を読む力、知恵と経験が少し必要なのです。火を自在に操る近道は経験です。たくさん焼いて失敗もたくさん重ねてください。単純な焼くだけ調理も、火力を真剣に見ながら続けていると決して飽きることはありません。飽きるどころか、ますます面白くなっていくでしょう。本書を手にされた方、皆さんのアウトドアライフ、バーベキューが楽しく充実する手助けになれれば幸いです。

ピース！

写真・文
太田 潤

デザイン
スティールヘッド／松本 鋼　岡 健司　上原 陽子

編集
秋元編集事務所／秋元庄三郎　佐藤克成

撮影助手
関野 温

取材協力
ログコテージ フィンランディア
コールマンジャパン

大満足のバーベキュー料理80
2011年9月7日　発行

著者
太田 潤

発行者
佐藤龍夫

発行所
株式会社 大泉書店
〒162-0805 東京都新宿区矢来町27
TEL 03-3260-4001（代表）FAX 03-3260-4074
URL http://www.oizumishoten.co.jp
振替 00140-7-1742

印刷・製本
図書印刷株式会社

©2006 JUN OTA
printed in japan
ISBN978-4-278-04719-6　C0075

落丁・乱丁本は小社でお取り替えいたします。
本書についてのご質問はハガキかFAXでお願いいたします。